ARJEN VAN VEELEN

En hier een plaatje van een kat

& andere ongerijmdheden
van het moderne leven

Uitgeverij Augustus
Amsterdam • Antwerpen

De auteur ontving voor het schrijven van dit boek een stimuleringsbeurs van het Nederlands Letterenfonds

Copyright © 2013 Arjen van Veelen en uitgeverij Augustus, Amsterdam
Omslagontwerp Femke Tomberg
Foto auteur Merlijn Doomernik
Typografie binnenwerk Suzan Beijer
Drukkerij Drukkerij Bariet, Steenwijk

ISBN 978 90 450 2374 8
D/2013/0108/594
NUR 301

www.atlascontact.nl

Inhoud

Julia's basilicum 9

Het boek en het vuur 15

Het raadsel van de kapotte camera 23

Creditcard in pindakaas 30

De Energy Dictator 36

Hemel van havermout 48

Super Soaker 52

Hipsters liften niet 55

Fijne verjaardag voor jou 62

Het buikwegshirt 66

De designvibrator 73

De mannenhak 77

DNA-spray 83

Q 87

Een weerbericht 92

Afrikaanse rode wijn 97

Speelgoedhelikopter 104

Vouwfiets 111

Het effect van Axe 115

De open dag van Albert Heijn 122

Bliepjes 128

Nieuwbouwnatuur 133

Compromisparadijs 139

Witte muren en dingen die je niet snapt   143

Dronken octopus   147

Olijfboompjes   151

Koepeltent   157

En hier een plaatje van een kat   164

Verantwoording   187

Voor Rosanne

Don't write *essays*. Tell your reader what your product will do for him or her, and do it with specifics.

– David Ogilvy, Ogilvy on Advertising

Julia's basilicum

Doe dit boek dicht, alsjeblieft, je moet naar buiten, weg van papier. Ik zal je meenemen naar een Italiaans restaurantje waar ik vroeger vaak kwam, want op een lege maag kun je niet lezen. Het is een lichte, frisse pijpenla. De muren zijn er verluchtigd met culinaire stillevens: blozende tomaten; aanlokkelijke mozzarellaplakken; een lepel waarover olijfolie vloeit. Het zit er elke avond volgepakt. Er komen ook Italianen. Ze schotelen je hier geen vlugge rommel voor. De chef zweert bij olijfolie van ene Piero Gonello, een boer uit de buurt van Florence. Je zult zo proeven waarom: die lichte toets van amandel, walnoot, jonge tomaatjes... De pasta komt van een familiebedrijfje in Terni, Umbrië, waar de roemruchte mama Miracoli de scepter zwaait. De kaart is eenvoudig maar eerlijk. Vooral de ravioli arrabbiata kan ik je aanbevelen. Je zult dineren met tafelzilver aan smalle houten tafeltjes met tinnen emmertjes waarin basilicumplantjes groeien. Ik trakteer.

We hebben de bestelprocedure succesvol doorlopen. We hebben de juiste sauzen geselecteerd, de juiste toppings, en kijk, daar arriveert onze dampende ravioli al.
Buon appetito.
Zoals ik zei, ik kwam hier vaker. Op weg naar huis, na mijn werk voor de krant, als ik de tijd moest doden in het stationsgebouw. De krukjes van restaurant Julia's waren verreweg de gunstigste optie om te vertoeven, stukken beter in elk geval dan de Pizza Hut of de Burger King. Hier kon ik mijn lodderige computerogen laten rusten op softe foto's van mozzarella en bloostomaatjes. Dit was mijn eiland in de forensenrivier. Ik bezat dit krukje in deeltijd. Thuis zou een te groot woord zijn, maar elke

plek kan huiselijk worden door gewenning; de mens is hechtzuchtig.

Kijk eens naar die blinde muur, naar de tekst tussen die tekeningetjes van een scooter en een oude boerderij:

JULIA'S GELOOFT IN GOED ETEN. OOK ALS JE WEINIG TIJD HEBT. DAAROM KOOKT JULIA'S VOOR JOU MET DE BESTE INGREDIËNTEN, MET ECHTE ITALIAANSE PRODUCTEN EN AUTHENTIEKE RECEPTEN EN BOVENAL: MET LIEFDE! CON AMORE D'ITALIA!

Al vaak waren mijn ogen klakkeloos over dit gladde gebazel heen gegleden, zoals je achteloos 'ja' klikt als een applicatie je vraagt om de voorwaarden te accepteren. Doordringen deed het niet, tot ik op een avond – uit verveling, er waren grote vertragingen – de tekst begon te ontleden. En hoe langer ik las, hoe vreemder leek ik:

Ik, op een net te hoog krukje, in een van de vele horecaformules van het NS Stations Retailbedrijf, klemvast in een concept genaamd Julia's, iemand die, anders dan ikzelf, nog wel ergens in geloofde, niet in God, noch in eeuwig leven, maar in goed eten – en daar bleef deze Julia volhardend in geloven, zelfs als ik weinig tijd voor haar had, want hoewel ze niet bestond, gaf Julia wel om mij, hield ze van me: ze bereidde ravioli met liefde, voor mij, zoals ze die zojuist ook voor jou heeft bereid.

Wat een raar Italië. Er was niet eens zonlicht. Het enige licht kwam van halogeenspotjes aan een hemel van grijs gaas dat trilde als er boven je hoofd een trein binnenreed. Geen families, maar eenlingen zaten hier, hun hoofden laag boven de bakjes, onrustig etend uit angst treinen te missen, niemand senang, ieder omringd door schichtige vreemden, beschenen door onflatteus licht. En wat een rare keuken. Je slowfood kwam in een oogwenk en werd opgediend door gezichten die al weer naar de volgende gast keken. En wat een rare pasta: kleefpastei in een Aziatisch bakje, met een fragiel plastic vorkje dat bespoten was met zilverglans, een vorkje dat brak als je te snel at – en wat kon je hier anders doen dan te snel eten, dus at ik steeds te snel en brandde ik, zonder leercurve, mijn tong aan de authentieke ingrediënten van mama Miracoli.

O, hotspot van ongerijmdheden. O, hutspot van grote woorden.

ITALIË! – in een kille Hollandse stationshal.

LIEFDE! – maar anoniem, voor € 5,75.

GELOOF! – zonder god.

JULIA! – in geen velden of wegen.

Toch bleef ik terugkomen, zelfs nadat ik de voorwaarden uitvoerig had bestudeerd en had ingezien hoe kwestieus de clausules waren. Steeds opnieuw toog ik naar namaak-Italië, als een varken dat niet mokt over zijn trog; de mens blijft het liefst een goedgelovig dier en een trein is soms vertraagd: de mens dient gemak.

En het was hier *in verhouding* toch aangenaam toeven? In

deze sfeerloze omgeving had Julia's tenminste nog pretentie – en er was echte basilicum om van te plukken.

Het woord 'mythe' betekent zowel leugen als legende. Een mythe kan de wereld ontkleden of juist aankleden, verkillen of verwarmen. Een mythe kan gif zijn of gift. Zo zijn er ook twee soorten gezichtsbedrog: de ene maakt de wereld dieper, de andere maakt de wereld platter. De ene geeft, de andere steelt.

De mooie leugen is bijvoorbeeld de trompe-l'oeil-schildering die perspectief suggereert op een blinde muur. Of een krijttekening van een straatkunstenaar die stoeptegels tot leven wekt. De lelijke leugen echter belooft bergen, maar levert vlakte, maakt grote woorden grotesk, is als een shredder die AMORE! reduceert tot plastic vorkje.

Verwondering versus domper.

Maar zo simpel is het niet. Die twee vormen zijn door elkaar heen gaan lopen, vloeien in elkaar over: kunst kan hol blijken, reclame kan verfraaien. De wereld is een wirwar geworden van list & bedrog, van illusies & luchtspiegelingen. In een stationshal vol formules en verzinsels, vol met de Smullers, de AH to go, de Burger King®, de HEMA, de Shakies, het Happiness Station, La Place Express, de Starbucks en de Swirl's – juist daar was een markt voor Julia's. 'Hier kun je veilig zijn,' zegt Julia, 'kom maar, hier word je niet gefopt, kijk, we hebben echte basilicum. Puur natuur. Pluk maar. Proef maar.'

In het sprookjesbos omarmde ik uit armoe juist het grootste sprookje. Honger maakt rauwe bonen zoet. En ik klampte mij vast aan basilicumblaadjes: tekens van leven. Catering voor wie het duizelt.

En ik ben niet de enige gek. Kijk, ik zal je de recensies laten zien op TripAdvisor:

Gemiddeld krijgt Julia's vier ballen. Aanschouw het mirakel: kleefpastei werd haute cuisine! Zelfs de Italianen zijn lo-

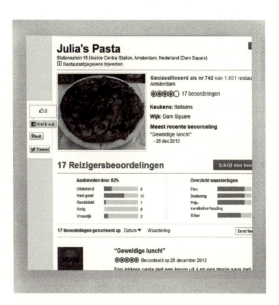

vend. Eentje schreef: 'Un posto carinissimo, confortevole, veloce e comodo, pulitissimo, serve moltissimi tipi di sughi e pasta precotta ma come se non lo fosse, ti arriva nel piatto come se fosse quella di casa. DA PROVARE!****'.

We zijn zo omringd door leugens dat we zelfs plastic gaan aanzien voor tafelzilver. We zien het verschil niet meer. Want het went – onafwendbaar went het.

En inderdaad: binnen het station is Julia's inderdaad de beste plek om te eten. Prima eten voor weinig. Maar vergeleken met Italië is de pasta een armzalige belediging, een luchtspiegeling. Julia's is alleen de beste plek, omdat de rest zo armzalig is. Die armzaligheid is ons referentiekader geworden – niet Italië.

Je gaat er niet dood aan. Maar als illusie je houvast is geworden, zou het dan gek zijn dat je op een dag overmeesterd wordt door een gevoel van heimwee? Dat is wat mij overkwam op een maandagavond in Julia's, gebogen over mijn bakje pasta, met een mond vol ravioli: een lichte zinsverbijstering maakte zich van me meester, een tintelende heimwee naar het werkelijke.

Noem het: werkelijkheidswee.

Hier, op dit krukje, besloot ik om zo nauwkeurig mogelijk alle verschijnselen te beschrijven van dit gevoel, dat misschien wel de grondtoon is van deze tijd, in elk geval van mijn eigen actualiteit. Goed kijken, symptomen beschrijven – in de hoop de mooie en lelijke mythen weer te kunnen ontwarren. Dat is alles, voor nu. Want wat Julia gelooft moet ze zelf weten, maar waarom zouden wij haar geloven.

Zie je die glanzende soeplepels daar hangen? Ze worden nooit gebruikt. Het zijn rekwisieten die het personeel helpen acteren dat ze kok zijn, dat ze beslist géén voorgekookte hatseflatspasta serveren die even een dipje kreeg in kokend water.

De open keuken, heet dit: zien is geloven.

Aanraken is geloven. Voel maar aan de blaadjes basilicum, stop ze in je mond, daarom staan ze hier. Zoals de roos symbool is voor liefde, zo verwijst Julia's basilicum naar het echte, naar natuur – het enige wat we nog vertrouwen.

Maar ze zijn met te weinig. Strohalmpjes slechts. Drie sfeerkaarsen die een heel stadion moeten verlichten. En door hun aanwezigheid versterken ze juist het contrast met de gekunsteldheid. Ze zijn medeplichtig. Concept in de vermomming van natuur. Giftig.

Het is als een dvd met beelden van haardvuur: die maakt de ruimte killer, niet warmer.

Het is als spiegelmuren in restaurants of hotellobby's: ze suggereren ruimte, maar verschrompelen die juist zodra je tegen de illusie op botst.

Of het is misschien als met iemand die je mee uit eten vraagt naar een intiem Italiaans restaurantje, en dat je dan belandt in een fastfoodtent, waar je ontdekt dat het boek dat je leest niet over kattenplaatjes gaat.

Die plaatjes komen, ik beloof het je. Ga nu maar terug naar het boek. Hier is alles al afgerekend.

Het boek en het vuur

Het feestje is bij ons thuis in de achtertuin. 't Is rond middernacht. Er zijn enkele tientallen genodigden. In de tuin brandt hout in een vuurkorf. Er is drank te over. Het lijkt wel een studentenfeestje, alleen de happen zijn beter, want we zijn rijker dan toen.

Net als vorig jaar is er maar één regel: de gasten hoeven niets mee te brengen, maar wie wil, mag iets meenemen om ritueel te verbranden in de vuurkorf: een foto, een stoelpoot, een tandenborstel – alles mag, mits het maar brandt.

Wie koestert er nu geen stille woede tegen zekere spullen? Juist alledaagse voorwerpen kunnen besmet zijn met zwarte herinneringen. Het leven is kleverig, het hecht zich graag aan het fysieke. Soms is de enige nette uitweg om zo'n onding dan maar te vernietigen.

In de vuurkorf brandt dus van alles.

Iemand heeft een broek meegenomen uit de tijd dat hij die paste. Het verbranden van de jeans werkt louterend.

Nog iemand heeft een stuk hout van een kastje meegenomen, een donker aandenken aan een vorige bewoner. Ook in de hens.

Alles brandt, behalve: boeken. Terwijl je nu juist aan een boek een oprechte hekel kunt hebben. Boeken kunnen je het bloed onder de nagels vandaan halen. Boeken kunnen je huis binnendringen en je ongenadig aanstaren. Maar boeken verbranden, dat doe je niet zomaar. Hoe vergeeld, hoe geknakt, hoe slecht geschreven, hoe broodkruimelbespikkeld ze ook zijn: het zijn papieren heiligen wie de brandstapel bespaard blijft.

Zonde eigenlijk. Boeken branden mooi, spectaculair zelfs. Dat weet ik uit ervaring. Toen mijn opa en oma hoorden dat de strips van *Suske & Wiske* eigenlijk verderfelijk waren, onchristelijk, mochten de kleinkinderen de strips verbranden in de open haard.

De strips sisten en spetterden van de brandende lijm en verf. Ik zag hoe op de kaft van *De Zingende Zwammen* en *Het Spaanse Spook* likkebaardende vlammetjes rondkropen, paarsblauw en helgroen. Daarin zag ik het gelijk van mijn grootouders: hier scholen inderdaad duiveltjes in.

Libricide heet dat: boekenmoord. Het ergste van het ergste. Maar ik wist toen niet beter.

Bekijk dit boek van dichtbij en je ziet vezels van iets wat ooit leefde. Hout. Deze pagina begon ooit als babyboompje, groeide op, kende goede en slechte jaren, overleefde winters, ziekten, spechten, tot de man met de kettingzaag kwam. Elke pagina is macaber. Dode boom. Net als openhaardhout bij de benzinepomp. Alleen gooi je een boek niet in het vuur. Vanwege de inkt: de menselijke vlekken.

Soms woedt er een oorlog in een verre stad, in Bagdad of Timboektoe, en verschijnen er berichten over omgekomen boeken en foto's van verkoolde manuscripten. Dit nieuws is peanuts vergeleken bij menselijk leed, maar bevlekt papier achten we nu eenmaal heilig.

Er is een rare voodoo rond boeken. Als de melk op is, gooi je het pak weg. Maar als je een boek uit hebt, zet je het in een speciale kast, die steeds meer ruimte in beslag neemt in je huis, die je steeds mee verhuist, waar je ook gaat, tot het niet langer kan, maar zelfs dan gooi je de boeken niet weg, maar probeer je alternatief onderdak te organiseren, desnoods probeer je de boeken te slijten aan de Slegte, zelfs de meest versleten exemplaren.

Het is alsof je bij de Gamma aankomt met een partij door boktorren aangevreten wrakhout en je nog gekrenkt bent ook, als de inkoper er weinig om geeft.

Zit in papier soms een zieltje? Weinig mensen hebben moeite met het deleten van een tekstbestand of het weggooien van een krant. Maar een boek in het vuur? Dat voelt gek. En dat terwijl er toch echt niets voodoo-achtigs gebeurt als je een boek sloopt, probeer het maar, scheur de bladzij die je net las uit, vouw er een vliegtuigje van. Hoor je de pagina soms om genade smeken? Een boek is gewoon een leesmachientje.

Vroeger ja, toen waren boeken inderdaad bezield. Maar dat was de tijd dat papier de belangrijkste drager was van waar- en schoonheid. Beroemd is de waarschuwing van de negentiende-eeuwse Duitse dichter Heinrich Heine: waar men boeken verbrandt, verbrandt men op den duur ook mensen. Zoiets doen alleen perfide regimes. Pinochet, bijvoorbeeld, die in Chili alle *Don Quichots* executeerde. Of Hitler. In Berlijn is zelfs een martelarenmonument voor omgekomen boekjes. De Britse dichter-activist John Milton ging nog verder. Hij vond het zelfs erger om een boek te doden dan een mens. 'He who destroys a good book,' schreef hij in 1644 in een pamflet, 'kills reason itself, kills the image of God, as it were, in the eye.' Zijn pamflet was gericht tegen een regering die paal en perk wilde stellen aan het publiceren van kennis. 'Information wants to be free', is nu de slogan van internetactivisten, waarmee ze ageren tegen alles wat verspreiding van kennis belemmert. Milton had het kunnen zeggen. Wie een boek verbiedt, maakt een schrijver monddood.

In onze tijd zijn papieren boeken niet langer de belangrijkste dragers van waarheid. Daar zijn nu betere, snellere, goedkopere, milieuvriendelijker wegen voor. Glasvezelkabels. Hervulbare readers. Sterker nog: het papieren boek vertraagt de verspreiding van kennis zelfs. Het is niet per muisklik oproepbaar.

Maar gek genoeg vereren we nog steeds de papiervezels. En het allerraarste is dat papieren boeken zelf heiliger lijken te worden, juist nu ze gedateerd zijn.

Boeken bloeien. Dat merk je alleen al aan de kaften, die steeds fraaier worden. De boeken van nu zijn glanzender en kleurrijker. Vergelijk een boekwinkel van nu met die van vijftig jaar terug: een pauw vergeleken met een grauwe gans. Er is een orgie van *special editions*, van spektakeldrukkunst, van pop-upboeken. En de lezers likkebaarden.

Ook boekenkasten zijn heiliger geworden. Vroeger waren kasten dienstbare gebruiksvoorwerpen. Nu is de kast kunst. Nu heb je sites als Bookshelf Porn: een fotoblog waar mensen verlekkerd staren naar foto's van... boekenkasten.

Boekenkasten zijn sta-in-de-wegs. Je zou zeggen: het huis uit, nu alles digitaal kan. Er is zelfs een service om je boekenkast in te laten scannen, voor een dollar per boek. Dan heb je zelfs alle gepersonaliseerde broodkruimels en vlekjes mee gekopieerd, je boeken zitten veilig in de cloud en jij hebt een paar kubieke meter extra levensruimte. Maar weinig mensen doen dat.

Dat zou begrijpelijk zijn als die verering voortkomt uit dezelfde motieven als die van vrijheidsstrijder Milton, namelijk: de drager van de waarheid beschermen. Maar dat kan het niet zijn.

Want als John Milton nu zou leven, waar zou hij dan een pamflet over schrijven?

Niet over boeken zelf, denk ik. Boeken zijn hulzen, het ging hem om de vulling. Hij zou vermoedelijk opnieuw pleiten voor vrije kennis, maar dan eerder tekeergaan tegen bijvoorbeeld internetblokkades of verdragen als de ACTA. Maar juist nu boeken niet meer nodig zijn als informatiedrager, zijn ze heiliger geworden. Is er dan sprake van een liefde voor de huls?

Het boek als versiering – soms is dat zelfs letterlijk waar. Zoals de boekenkasten in de modelwoningen van Ikea. Of zoals bij het bedrijf Faux Books: dat verkoopt MDF-platen waarop de ruggen zijn gelijmd van verramsjte en daarna geguillotineerde paperbacks. Mooi als versiering. Volgens het bedrijf redt het 'interessante, ongewone, grappige en prikkelende boekenruggen van de vernietiging'. Is dat het beste wat een boek nu kan overkomen: ongelezen eindigen als wanddecoratie?

Die liefde voor randverschijnselen merk je ook aan de belangstelling voor alles wat met schrijven te maken lijkt te hebben. Kijk naar de hausse aan films over schrijvers: *Midnight in Paris*, *On the road*, *The Rum Diary*. Je hebt ook allerlei verzamelblogs met foto's van beroemde schrijvers aan het werk. In feite weinig spectaculaire foto's van mannen achter een bureau; garnalenvissers of stuntpiloten zijn spannender. Er is zelfs een blog waarop mensen foto's plaatsen van mensen die lézen in de metro in New York. Of neem al die boekengadgets waar boekwinkels nu mee gevuld zijn: koffiemokken met plaatjes van beroemde schrijvers, poëziedekbedovertrekken. En wat te denken van de Amerikaanse kunstenaar Brian Dettmer, die oude boeken verandert in kunstwerken, een soort filigraanwerkjes van boekpapier?

En moet je blij zijn met hippe kledingzaakjes in Amsterdam waar stapeltjes boeken of zelfs dichtbundels in de etalage liggen, die niet verkocht worden? Natuurlijk is het hoopgevend als een boek kennelijk status kan verlenen aan een spijkerbroek. Maar als het boek puur decoratie is geworden, etalagemateriaal, dan wordt het misschien tijd om dat oude verbod op verbranding eens op te heffen. Tijd voor een pamflet vóór libricide:

BOEKEN ZIJN NU EEN EXCUUS VOOR IETS ANDERS, VOOR HET HELE MODERNE LEESCIRCUS DAT JUIST AFLEIDT VAN LEZEN. DE LITERAIRE WERELD IS EEN ENTERTAINMENT AREA: AL DIE EVENEMENTEN, TIJDSCHRIFTEN, FESTIVITEITEN BIEDEN VERSTROOIING, WAARDOOR WE ONS NIET LANGER OM CONTENT BEKOMMEREN. DE MENSHEID IS GESTOPT MET LEZEN TOEN ZE TIJDSCHRIFTEN GING LEZEN OVER HET LEZEN VAN BOEKEN. DAT WIJ GEEN BOEKEN VERBRANDEN, IS OMDAT WE TE VEEL HOUDEN VAN ACHTERFLAPPEN EN COVERFOTO'S. HET FYSIEKE BOEK IS SEXY ZOLANG HET DICHT BLIJFT. WE DOEN ROMANTISCH OVER GOED VERMARKTE MELKPAKKEN. WE HEBBEN DE HULS HEILIG VERKLAARD. WE HEBBEN BOEKEN DICHTGELIJMD. BOEKEN ZIJN NU EEN LIFESTYLE WAARUIT DE WAARHEID IS WEGGETROKKEN. BOEKEN ZIJN VLOEKEN.

Daar zit wat in, maar er is misschien nog een andere hypothese.

In de herfst van 2012 bezocht ik de havenstad Alexandrië in Egypte. Ik bracht toen ook een bezoek aan de bibliotheek. De beroemde bibliotheek uit de Oudheid is van de aardbodem verdwenen – een reusachtige vuurkorf vol manuscripten, een groot gemis –, maar op dezelfde plek aan zee is een nieuwe bibliotheek herrezen, een modern gebouw dat lijkt op een gestrande ufo.

Een van de lopende projecten is het archiveren van het complete internet: van elke webpagina wordt een kopie gemaakt, die wordt opgeslagen. Een duizelingwekkende onderneming. Maar om te zien niet spectaculair: de nieuwe bibliotheek van Alexandrië is nu feitelijk gewoon een website, www.bibalex.org. Het pand kan eigenlijk veel kleiner, je hoeft er niet eens heen om de informatie te vinden.

Spannender dan de servers vond ik de tentoonstelling van oude Latijnse en Arabische manuscripten in de kelder, een schemerige ruimte met warm verlichte vitrines vol stokoude stukjes beschreven boom – ontroerend om te zien, ook al kon ik niet lezen wat er stond.

Romantiek? Deels, ja: de romantiek van lijmsnuivers in boekwinkels die high worden van de vanillegeur van oud papier. Maar we moeten deze romance schiften van een concreet gemis.

Liefhebbers van papieren boeken zijn een soort *tree huggers*: ze omhelzen stukjes boom, op zoek naar iets tastbaars. Maar ze zijn niet per se gestoord. Juist in een wereld die digitaliseert groeit de hang naar het fysieke. Dat is een logisch, voorspelbaar gevolg van het feit dat het digitale minder zintuigen bedient. Papier kan sensationeel of zelfs sensueel zijn omdat het je *senses* – je zintuigen – prikkelt.

Digitale boeken doen dat minder. Dat gebrek geven ze zelf ook toe: niet zomaar proberen digitale boeken soms het geluid te imiteren van het omslaan van een pagina. Ze willen lijken op papier.

Wie het digitale verheerlijkt, verheerlijkt de content op zich. Dat klinkt logisch, het gaat om de tekst tenslotte, niet om de vorm, de huls. *Sola scriptura* – het draait alleen om woordjes. Maar dat is calvinistisch. En het miskent allerlei zintuigen.

Eén van de redenen dat het boekencircus bloeit is dat de mens wegvlucht van het scherm. Om diezelfde reden zijn er kunstenaars die het analoge boek vieren met de meest prachtige pop-ups. Waarom in vredesnaam je zintuigen tekortdoen en dat vooruitgang noemen? Het is als met ledlicht: prima als fietsverlichting, maar in je tuin liever een vuurkorf.

Het klopt: het papieren boek is absoluut niet meer wat het was. Ooit was het de drager van waarheid, maar de waarheid kan zich digitaal veel beter redden: sneller, flexibeler, democratischer. Daardoor is de functie van papier verschoven: het biedt nu tegenwicht tegen de schermwereld, tegen een wereld die heeft ingeboet aan tastbaarheid.

Net als vroeger verbranden we liever geen boeken. Alleen de reden is veranderd: het boek is nu antidotum tegen werkelijkheidswee.

Het raadsel van de kapotte camera

Op mijn telefoon heb ik een applicatie geïnstalleerd genaamd Shake It – schud 'm. Als ik met deze app een foto maak, moet ik seconden lang wachten voordat het beeld verschijnt. Net als bij de oude polaroidcamera. Intussen kan ik geen andere foto maken. En als het beeld dan eindelijk verschijnt, is het geen gewoon beeld, maar een gefilterd beeld, vager, en met rare lichtvlekken. De foto's lijken tientallen jaren eerder gemaakt.

Het voordeel van de oude polaroids was hun snelheid: je had

de foto vrijwel meteen in je hand. Maar digitaal foto's maken is natuurlijk nog sneller. Toch probeert mijn app juist die relatieve traagheid van vroeger te imiteren.

Bij de oude polaroid had het witte kader nog een duidelijke functie: daar bevonden zich chemicaliën. Digitaal is dat overbodig, en juist lastig: soms blijkt pas na afloop dat wat je probeerde vast te leggen, achter de witte, brede rand zit. Toch wil mijn app per se een kader om het beeld.

Mijn camera lijkt wel kapot. Hij fotografeert trager dan nodig. En het eindresultaat is slechter.

Waarom gebruik ik die applicatie dan?

Ik lieg niet als ik schrijf dat ik er in een jaar tijd ongeveer 2000 foto's mee heb gemaakt. En ik weet dat ik niet de enige ben. In 2012 kocht Facebook voor een miljard dollar de dienst Instagram, een service waarmee miljoenen mensen expres verouderde foto's maken en delen. Dat vergroot het raadsel. We moeten er rekening mee houden dat niet alleen onze camera stuk is, maar ook wijzelf, diep vanbinnen.

Fotografie en film horen de werkelijkheid vast te leggen zoals die is, in tegenstelling tot schilderkunst, die er een potje van mag maken. Ik weet dat het ingewikkelder ligt, maar stel nu dat het NOS Journaal voortaan alleen nog in sepia of zwart-wit te zien zou zijn? Als elke reportage expres krassen kreeg? Als de presentator maar half in beeld kwam, omdat er een wit kader omheen zit?

Of stel nu dat je morgen op je werk komt en daar alleen nog maar mag werken met een typemachine, met alleen vergeeld papier, vol met opzet aangebrachte koffievlekken, die je daarna moet inscannen?

Of wat als je buurman zijn auto met een schaaf ging bewerken, tot de lak afbladderde?

Dat zouden we curieus vinden. Maar tegelijk bezoedelen we onze eigen foto's met vintage-apps. Op Marktplaats wordt gehandeld in oude polaroidfilms: hoe ouder en hoe langer over datum de filmpjes zijn – hoe slechter dus – hoe duurder ze worden. En we gebruiken de modernste technieken om onze foto's ouderwets te maken, vol grove korrels en krasjes.

Gelukkig zijn er grote geesten die het ook doen, foto's verruïneren. Zoals de Duitse schrijver W.G. Sebald bijvoorbeeld in zijn roman *Austerlitz*, over een man die speurt in de geschiedenis naar het lot van zijn vader. In dat boek staan zwart-witfoto's die de auteur zelf maakte. Hij kopieerde die foto's net zo lang op een kopieermachine tot ze het groezelige, korrelige effect kregen dat hij voor ogen had. Het effect van die foto's is dat de verzonnen werkelijkheid van het boek realistischer wordt. Die foto's zijn bewijsmateriaal dat de hersenspinsels historisch maakt. Net zoals de film *Schindler's List* in zwart-wit was: zwart-wit is minder echt dan kleur, maar oogt toch echt echter.

We schakelen even naar de basisschool, waar we een kind een antieke schatkaart zien namaken door een wit vel papier te verfrommelen en in te smeren met koffiedik. Het is een spel waar je echt in kan geloven. Een wit velletje papier wordt spannender dan het was.

Eigenlijk doe je met Shake It net zoiets. Ik maak geen schatkaarten meer, maar wel foto's met digitaal koffiedik erop. Probeer ik mijn leven spannender te maken dan het is? Of is mijn leven een bij elkaar gefantaseerde roman, die ik met oude foto's als bewijsmateriaal echter probeer te maken?

Hoe ouder iets is, hoe meer het geladen wordt met mysterie. Denk aan ruïnes. Of denk aan een vermolmde treurwilg. Of aan de charme van een oude badplaats als Oostende, of aan mensen die in de periferie van Berlijn speuren naar stilgevallen fabrieken, verlaten gebouwen van de Stasi, spookziekenhuizen, om daar foto's te maken van spinrag en bijna tot poeder vergane douchegordijnen. Misère kan mooi zijn. Vergane glorie heeft bekoring.

Die voorliefde voor vroeger bestond vroeger ook. Sommige

rijke mensen in de negentiende eeuw lieten zelfs gloednieuwe ruïnes bouwen. Dat heette romantisch te zijn, zo'n nieuwbouw-ruïne. Dat wij gloednieuwe oude foto's maken kun je vergelijken met die nieuwbouwruïnes. Dan is het dus romantiek.

Met zo'n romantisch filter krijgen onze foto's – en dus ons leven – een lading die ze van zichzelf niet hebben. Al die foto's krijgen direct aura, charisma. Ze maken alles in het leven gloedvol, betekenisvol (in zeker opzicht vergelijkbaar met hoe een time-lapsefilmpje met indringende muziek lading kan geven aan een in feite alledaagse, saaie werkelijkheid). Dat effect is zo sterk, dat je op den duur de ongefilterde werkelijkheid gaat ervaren als flets, als niet-historisch en onromantisch.

Die onnodige witte kaders om mijn foto's zijn misschien wel puur symbolisch: ze staan voor een tijdperk waarin de mens geen referentiekader meer heeft, en dus uit armoe maar zo veel mogelijk dingen inlijst, om het nog wat te laten lijken, tot aan een foto van zijn maaltijd aan toe.

Op een dag stond Justin Bieber in de file in L.A. Dat is een vrij banale activiteit. Hij plaatste op Twitter een foto van het vaststaande verkeer. Dankzij het filter oogde die filefoto diepzinnig, warm, vredig, artistiek, betekenisvol – bij voorbaat historisch. Door die ene foto van Bieber kreeg Instagram een enorme boost.

Denk ook aan de foto in het begin van dit boek van een pastamaaltijd in een fastfoodrestaurant. Die maaltijd lijkt al bijna een stilleven, al zeg ik het zelf, een kleine studie naar de eindigheid en de ijdelheid van alles. *Jeder ist ein Künstler* en iedereen kan schilderen. Of zoals Hipstamatic je belooft: je maakt met deze app 'volslagen geniale foto's'.

De verleiding is groot om laatdunkend te doen over al die kleine kunstenaartjes die hun saaie leven drama willen geven, maar dat is te makkelijk, we gaan het even moeilijker maken, we halen er een socioloog bij.

Er bestaat een slimme analyse van de vintage-apps door socioloog Nathan Jurgenson ('The Faux-Vintage Photo', op thesocietypages.org). Hij interpreteert de populariteit van die apps als een verlangen naar de analoge werkelijkheid. Die digitale foto's proberen immers te poseren als echte, fysieke foto's. (Bij een van mijn apps, InstaCam, staat zelfs de tekst: 'shake or blow on picture to develop it', en ik, naïeveling, heb echt een keer staan schudden en blazen tegen mijn telefoon – je weet nooit.) Volgens Jurgenson is dat verlangen naar het echte een tegenreactie op een wereld die steeds meer digitaal is. Zoals de opkomst van de mp3 zorgde voor weemoed naar vinyl, zo zorgt de digitale camera voor een herwaardering van oude fototechnieken. Dat klinkt logisch: het is net zoals we het papieren boek weer zijn gaan waarderen juist door de opkomst van het digitale lezen.

In een ander artikel noemt Jurgenson die verheerlijking van de echte wereld een 'fetisj' (de 'IRL-fetish', waarbij IRL staat voor: *in real life*). Een moderne afgoderij dus. Hij beschrijft hoe mensen quasiantieke foto's maken van verarmde spookwijken in de Amerikaanse stad Detroit en noemt dat *decay porn*, aftakelingsporno, kicken op wat kapot is, geilen op vergane glorie. Hij verwijt de fetisjisten dat zij ten onrechte de offline wereld als 'echt' zien en de online wereld als 'nep'. Dat verschil is volgens hem kunstmatig.

Ik herken de symptomen, maar toch denk ik dat er iets anders met me aan de hand is. Ik zoek een dokter met meer empathie voor de mens. Want die moderne mens zit een groot deel van het leven achter een scherm. Er is zelfs een aparte term gekomen voor niet achter het scherm zitten: IRL. Net zoals je iemand tegenwoordig F2F kunt ontmoeten: *face to face*.

Natuurlijk is die virtuele werkelijkheid inderdaad niet meer of minder echt. Als ik iemand online uitscheld of de liefde verklaar, heeft dat vaak echte consequenties. Amerikaanse drone-piloten, die vanachter een schermpje deelnemen aan oorlogshandelingen, kunnen net zo goed last krijgen van oorlogstrauma's. Daarom gebruiken sommigen liever een andere afkorting voor als ze niet achter hun scherm zitten. Dat noemen ze dan simpelweg

AFS: *away from screen*. Dat is neutraler dan *in real life*.
   Maar dat gedoe over echt en onecht blijft een oninteressante definitiekwestie, terwijl je wel degelijk de relevante verschillen kunt aanwijzen tussen scherm en weg-van-het-scherm. Laat ik een analogie geven uit de werkelijkheid van IKEA. Ik zag daar eens een kunstplant te koop staan die werd aangeprezen met de volgende drie bullets:
- Natuurgetrouwe kunstplant die altijd mooi blijft
- Voor wie geen levende planten kan houden, maar toch van de pracht van de natuur wil genieten
- € 24,95

Op een intuïtieve manier snappen we dat zo'n 'natuurgetrouwe' plant geen echte vervanging is voor 'de pracht van de natuur'. We prefereren de echte plant. We hebben een fetisj voor echte planten. Toch is het niet makkelijk om uit te leggen wat er mis is met die kunstplant. Want:
- De kunstplant ziet er inderdaad precies hetzelfde uit
- Is veel makkelijker in onderhoud
- Gaat nooit dood

Vanwaar dan onze heimwee naar de echte plant?
— Gewoon, omdat de echte lééft!
— Maar wat is dat 'leven' dan? Waar merk je dat aan?
— Nou, bijvoorbeeld aan het feit dat ik om ze geef.
— Een kamerplant is een soort huisdier voor je? Je hebt een relatie met je plant? Je toont dat je een goed mens bent die een plant kan onderhouden?
— Ja, dat speelt allemaal mee, denk ik. Ik voel me schuldig als ik ze geen water geef, en als ik ze wel water geef of als ik nieuwe groene blaadjes zie opkrullen dan voel ik me blij. En echte planten worden bruin als ik ze geen water geeft. Dan gaan ze dood.
— Maar dan is leven zoiets als de eigenschap bezitten om dood te gaan?
— Ja, ik denk het.

- Dus dat is wat je mist aan een nepplant: dat die niet doodgaat?
- Ja, maar nu klinkt het weer absurd. Ik kan het niet zo goed uitleggen. Wat heeft dit trouwens met fotografie te maken?

Een vriend wees me op het simpele feit dat ook digitale foto's niet verouderen. Over tien, vijftig, honderd jaar ziet een digitale foto er in principe nog precies zo uit als nu. De foto's ontsnappen aan het universele lot van de aftakeling. Dat klinkt mooi, maar dat is het niet. Want het maakt de digitale foto feitelijk tot levenloze kunstplanten. Ze gaan niet dood, dus leven ze niet.

Leven papieren foto's dan wel? Ja, kijk maar in je oude plakboeken. Ze verouderen. Ze vergelen, de hoeken gaan krullen als ontluikende blaadjes, er is een puur persoonlijk en onvoorspelbaar algoritme dat op deze foto's af en toe een koffievlek aanbrengt, een scheurtje hier, een krasje daar, een betekenisvol ezelsoortje.

Leven is niets anders dan krasjes en vlekken krijgen. Wat zonder krasjes en vlekjes is, heeft niet geleefd. Beschadigd raken is de manier waarop levenloze dingen alsnog tot leven komen. De vintage apps proberen onze foto's in één klap te geven wat ze ontberen: geschiedenis, levensverhaal. Ze zijn een begrijpelijke wanhoopsdaad. Een schreeuw om betekenis, om *kadrering*.

Je moet er niet te snel mee spotten. Wel kunnen de apps nog beter. Ze zijn nu veel te haastig, ongeduldig: al bij hun geboorte zijn de foto's verouderd, zodat je niet tien, dertig, tachtig jaar hoeft te wachten tot ze geel en dof worden.

Wat de mensheid nodig heeft is een app die foto's juist langzaamaan laat verouderen.

Creditcard in pindakaas

Je bent het wachtwoord vergeten van een e-mailaccount. Na een paar inlogpogingen verschijnt er automatisch een nieuw inlogschermpje, met een rare letterbrij die jij moet overtypen om te bewijzen dat je geen spamrobot bent, maar een echt mens. Dat heet een CAPTCHA-test: Completely Automated Public Turing Test To Tell Computers and Humans Apart. Bij Twitter vraagt de computer zelfs letterlijk: 'we moeten het zeker weten... ben je een mens?'

Zo'n menselijkheidstest voelt vrij beledigend, zeker als die komt van een computer. En dan zijn die letters vaak ook nog zo onleesbaar, dat je zakt voor de test. Technologie is bedoeld om ons leven leuker te maken, maar laat je soms twijfelen aan je eigen humaniteit. Soms vraag ik me daarom af of we wel vooruitgang boeken.

Ik ben geabonneerd op de updates van de technologiesite lifehacker.com. Die geeft dagelijks advies voor een slimmer leven. Survivaltips voor de technologiejungle. Zo las ik 'The Definitive Guide to Wrapping Your Headphones'. Die gids legt uit hoe je het snoertje van je koptelefoon op zo'n manier kunt oprollen dat het niet in de knoop raakt. Lifehacker is een optimistische, bijna evangelische site: de makers geloven dat je met behulp van foefjes en apps het leven kunt outsmarten.

Maar hun optimisme klinkt soms wat wanhopig.

Op een dag las ik op Lifehacker het volgende opmerkelijke advies: wie impulsaankopen wil vermijden, stoppe zijn creditcard in een volle pot pindakaas. Een briljant idee. Creditcards zijn handig, maar brachten ook velen in de schuldslavernij. Je kaartje doorknippen, dat zou te drastisch zijn. En het altijd op zak hebben is weer te verleidelijk. Pindakaas dus, als vertragingsmechanisme.

'Creditcard in pindakaas. Een stilleven' – het kan zo het Guggenheim in, naast Andy Warhol, als protest tegen consumptiedrift en techniek. Of als een pleidooi voor terugkeer naar de tijd van spaargeld in een sok, de tijd van eenvoud en van analoge boterhammen. Het kenschetst onze haat-liefdeverhouding met het nieuwe. Misschien zouden we nog wel meer moderne dingen in de pindakaas willen dippen. (Internetverslaafd? Doe je iPad in een emmer pindakaas.)

Toch curieus, deze tip. Want hier hebben we de creditcard, een slim stuk plastic, de triomf van microchiptechnologie en moderne communicatiemiddelen – en we stoppen zo'n wondertje in een pindakaaspot.

Wat is er aan de hand als zelfs de optimisten van Lifehacker zich afkeren van zo'n mooi staaltje nieuwe techniek?

Die afkeer van het nieuwe gaat samen met een hang naar het oude, die we al zagen bij de boeken en de foto's. Maar het verlangen naar is alomtegenwoordig. De afgelopen jaren is er een rare renaissance gaande, een opleving van vroeger. Gammele racefietsjes werden trendy. Vergeten groenten werden opgerakeld, vintage floreerde. Grootmoeders koffiefilterhouder dook plotseling op in de coffee-to-go. Het leek de rehabilitatie van het muffe.

Over het moderne leven hangt een zweem van sepia, alsof we constant herinneringen willen ophalen aan gebeurtenissen van tien seconden oud: stillevens van een stoommaaltijd, instant-melancholie. Op Marktplaats wordt gehandeld in antieke polaroidfilms – heel onhandig, net als vroeger. In Amsterdam heb je allerlei winkeltjes die Lomo Compact Automaat-camera's verkopen: replica's van oude Sovjetcamera's, die in de jaren tachtig in het Westen hip waren (en ook toen al verouderd). 'The future is analogue' is thans het motto van Lomo.

Ooit moesten we in het nu leven, maar nu moeten we leven in het toen.

We zijn achteruitgangsoptimisten. Je merkt het niet alleen aan oude boeken en oude foto's, maar ziet het overal: 1.0 is het nieuwe 2.0. De hemel is toen. We verlangen naar oude steden als New York en Berlijn, en zoeken het niet in Belém, Chongqing of Guadalajara. Metropolen worden retropolen. En goed nieuws voor sanseveria's: in trendy etablissementen zie je weer kamerplanten. Gloednieuwe cafés krijgen bloemetjesbehang en ouderwetse lampenkappen.

De schemering van retro raakt maar niet op haar retour. Je ziet het in de politiek, waar partijen herbronnen of terugverlangen naar een land van ooit. Het is geen modegril meer, maar een koppige tegenbeweging.

Maar waartegen precies?

Je zou nog kunnen denken: het is een puur demografisch effect. Dit is gewoon een gevolg van vergrijzing. Al die oude mensen – dat heeft natuurlijk niet alleen impact op zorgkosten of pensioenpotjes, maar ook op de tijdgeest. Maar het zijn juist de jongeren die oud doen.

Juist jonge hippe schrijvers zweren weer bij papier, willen Moleskine-boekjes: replica's van de boekjes die Hemingway ooit gebruikte. Het nieuwe literatuurtijdschrift *Das Magazin* noemt zichzelf zelfs 'literair tijdschrift voor achterlopers'. Juist de jeugd wil naar *Midnight in Paris*, het filmsprookje van de stokoude Woody Allen, over jonge mensen die naar vroeger verlangen (en dan ontdekken dat men vroeger ook al naar vroeger verlangde). Intussen omarmen de ouderen wél de nieuwe tijd. Zoals in de KPN-commercial, met bejaarden die swipen en wiïën. En ook in het echt: senioren houden bijna net zo veel van gadgets en technische oplossingen als jongeren, bleek uit een onderzoek van de

ANBO, de Algemene Nederlandse Bond voor Ouderen.

Voor het eerst denken niet de ouderen maar de jongeren dat vroeger alles beter was. Dit is ongeveer de stand van zaken: oma belt via Skype met haar kleinzoon die vinyl koopt.

Zelfs de revolutionairen van nu zijn nostalgisch naar revoluties van vroeger. Nostalgie naar rebellie. De protestbeweging Occupy leek vernieuwend, maar het Occupy-tentenkamp was een historisch openluchtmuseum, een exacte replica van '69. De internetgeneratie demonstreerde met tentjes, klaagmuren, kartonnen protestborden, papieren affiches, bibliotheekjes vol beduimelde boeken van Slavoj Zizek, neocommunist. Bij vuurkorven klonk unplugged gitaarmuziek van Bob Dylan. Grootmoeders tijd is the future.

In de begindagen van Occupy Amsterdam had je een gaarkeuken op het Beursplein waar hompen brood werden uitgedeeld. Er stonden potten pindakaas bij. Je moest zelf smeren.

'Times they are a-changin,' zong Dylan. Inderdaad: onze revolutionairen protesteerden niet tegen het oude, maar tegen het niet-te-stuiten nieuwe. Tegen de toekomst.

We lijken bang en moe, moe van de onderstebovenkering van alles, murw van een tijd die te snel gaat; een tijd die zelfs de slimsten niet meer snappen en waar geen snufjes of apps tegen opgewassen zijn. Geld in een sok leek toch beter dan een leven op plastic krediet. Misschien willen we terug bij af zijn en heerst daarom overal die remmende kracht van retro, zelfs bij de vooruitgangsoptimisten. Als vertragingsmechanisme: als een creditcard in pindakaas.

Nostalgie is een achttiende-eeuws woord, samengesteld uit het Griekse *nostos*, thuiskomst, en *algos*, pijn. Je moet nostalgie dus vertalen als heimwee. Heimwee is de sleutel van onze tijd.

Kennelijk voelen velen zich ver van huis. De kadrering is weg, sociale verbanden zijn verdampt. Technologie maakte de wereld sensationeler, sneller, maar ook abstracter, platter, gejaagder. Technologie bleek soms een test die ons deed twijfelen aan wie we zijn.

En we moeten het zeker weten: zijn we wel echt mens? Daarom zoeken we vervangende huiskamers. Daar zoeken we de menselijke maat: lampenkappen, kamerplanten, pindakaas. Het behapbare als remedie tegen het abstracte. Het huiselijke als buffer tegen de technocratie. Het romantische als protest tegen een wereld waarvan we de schaal en snelheid niet meer blieven.

Nostalgie als protest – dat kan ook vooruitgang zijn.

De Energy Dictator

In Amsterdam-West, vlak bij mijn huis, zit een winkeltje met de naam 'Energy Dictator, home of drinks'. Ik kom er zo af en toe. Het assortiment bestaat voornamelijk uit alcohol, snacks en Red Bull-blikjes: de vrolijk gekleurde basisproviand van nachtdieren en slapelozen. Verse producten zijn er niet te koop.

De eigenaar is een Ghanees. Hij liet jaren geleden posters maken waarop hij zelf staat afgebeeld verkleed in de kostuums van verschillende alleenheersers. Je ziet hem als Stalin, als Napoleon, als Julius Caesar. De vergeelde posters sieren nog steeds de etalage.

Energy Dictator: het is een mooie omschrijving van een avondwinkel, maar ook van een samenleving die van ons eist dat we 'energiek' zijn. Dat merk ik bijvoorbeeld aan mijn shampoofles. Mijn flacon Fructis Men Daily Fuel geeft me 'een energieboost', want 'mannen zijn continu onderweg, verdelen hun tijd tussen werk, sporten, vrienden en familie. Daarom is het belangrijk om je vanaf het begin op te laden met energie'. Work hard, play hard, en 's ochtends een energieboost. Ik merk het ook aan mijn ontbijt, aan de Cruesli Energy Mix van Quaker, 'de makkelijkste manier om genoeg energie binnen te krijgen'. Mocht ik onverhoopt zonder energie komen te zitten, dan kan ik mijzelf altijd nog opladen met de High Recharge Energy Shot van Biotherm Homme. Als ik dat op mijn gezicht wrijf, krijg ik een 'instant anti-fatigue moisturizing splash'. En mijn reservebatterij is de Energy Q10 gezichtscrème, 'voor een vermoeide, gespannen huid die extra energie kan gebruiken'. Die crème is best prettig, maar energie krijg je er natuurlijk net zomin van als dat je auto een volle tank krijgt door benzine op de motorkap te smeren. Het is symptoombestrijding – en zelfs dat niet echt.

Kennelijk snakt de moderne man zo hard naar energie, dat elk product met dat toverwoord op de verpakking zijn volle aandacht heeft. Zonder energie ben je nergens.

Werkgevers, bijvoorbeeld, zijn op zoek naar 'energieke starters' en 'energieke professionals'. Op de loopbaansite carrièretijger.nl staat onder het kopje 'professionele eigenschappen' vermeld: 'energiek zijn'. Volgens de site houdt dat in: 'lange tijd achtereen kunnen presteren wanneer je baan dit van je vraagt', en dat 'zonder een enorme tegenzin of klaagpartij'. Energiek zijn: overwerken zonder morren. De energieke mens achten wij hoog.

Uit onderzoek blijkt dat hoe groter de stad is, hoe sneller de mensen er lopen. Die hogere snelheid valt deels te verklaren door het feit dat in steden gemiddeld jongere mensen wonen dan op het platteland, maar tegelijk is die 'energie' van de grote stad precies de reden dat mensen ernaartoe trekken. Steden als New York noemen we niet hectisch of vermoeiend, maar we zeggen dat we er juist 'energie van krijgen'. Zoals we 'energie krijgen' van onze zware, uitdagende banen. Sterker: we vallen om als we stoppen met werken, pas zodra we even niets te doen hebben, wordt het leven zwaar. De hollende mens, de mens die achter trams aan rent of die met snelle passen al telefonerend en etend over straat schiet – die mens noemen we hardwerkend en energiek, dat is ons ideaal. Zo lijkt ons leven op de film *Speed*, over een bus die aldoor in beweging moet blijven, anders ontploft de bom.

In het oude Rome vond men het verdacht als mensen snel liepen. Een haastig iemand moest wel snode plannen hebben, want waarom loop je anders zo snel? In onze tijd is het juist verdacht als je stilstaat. Dan heet je een hangjongere. Dan bellen mensen vanachter gordijnen de politie, puur omdat je niets doet. Stilstand is arrestatie.

Zelfs oudere mensen dienen – getuige de foto's in verzekeringstijdschriften en in reclames voor vitaminepillen en Kukident – voortdurend van duinen af te springen met hun armen en benen uitgestrekt als hypervitale Vitruviusmannetjes.

Het blote feit dat je energiek bent, ook al is het nog maar de vraag wat je met die energie doet, maakt iemand aantrekkelijk. De politicus Diederik Samsom vertelde eens in een interview waarom hij een goede leider is voor de PvdA. Het ging hem niet om de inhoud, zei hij, maar om energie. 'Mijn ambitie is het om de partij nieuwe energie te geven.' En: 'Ik maakte mij zorgen om de energie in de partij.' Vijf keer gebruikte hij dat magische woordje. Het viel hem zelf ook op: 'Sorry dat ik het woord nog eens gebruik, maar het gaat toch om de energie in de partij.' Het land is moe, maar daar kwam Diederik Samsom: energiedrank voor de samenleving.

De laatste decennia zijn Nederlanders gemiddeld een uur per nacht minder gaan slapen. En de helft van ons is al afgemat bij het opstaan. We hebben er de kracht niet meer voor. We raken opgebrand. In dit land der uitgeblusten is energie logischerwijs God. We zijn afgemat, dus snakken we ernaar. En bij het toverwoordje hoort een toverdrankje. Ieder tijdperk krijgt zijn eigen toverdrankje. Dat van ons is niet wijn, of melk, of koffie, maar mierzoete energiedrank.

Melk komt van koeien. Wijn komt van druiven. Waar komt energiedrank vandaan? Van de marketingafdeling van Red Bull. Het is een verzonnen drankje. Energiedrank bestaat uit: cafeïne en flink wat scheppen suiker. Het is koude koffie met kauwgomsmaak.

Rond Red Bull zijn fantastische fabels gesponnen van seks, avontuur en creativiteit. Om de mythe in stand te houden moet het bedrijf duizenden evenementen per jaar organiseren: luchtshows, trendy feesten, wedstrijden voor stuntvliegen, klifduiken, ijshockey en parachutespringen. Het verzon zelfs nieuwe sporten, zoals de Crashed-Icecompetitie (een soort extreem schaatsen). Het bedrijf doet ook aan kunst. In Nederland bracht het Centraal Museum in Utrecht bijvoorbeeld de expositie *Red Bull Art of Can*: kunstvoorwerpen gemaakt van Red Bull-blikjes. Er is een eigen blad, *The Red Bulletin*, dat een oplage heeft van 4,6 miljoen en wordt ingevouwen bij kwaliteitsbladen als de *Frankfurter Allgemeine*.

Koffie wordt verkocht als 'gezellig', of als 'even een momentje voor jezelf'. Zie de reclame van Douwe Egberts: 'Schepje voor schepje groeit de overtuiging: haasten kan de hele dag nog.' In koffie zit net zo goed cafeïne. Maar koffie drink je zittend. Een skydiver drinkt geen lekker bakkie pleur voor hij springt.

Red Bull-reclames zijn eigenlijk net als reclames voor mannenhorloges, waarin vaak piloten figureren, alsof je puur door zo'n klokje te dragen gekwalificeerd bent als stuntpiloot, alsof er in een vliegtuig niet al genoeg klokjes en meters zitten.

Maar het werkt. Red Bull heeft wereldwijd bijna 8.000 werknemers en verkoopt jaarlijks ruim 4 miljard blikjes van deze placebovloeistof.

Energiedrank is een sociaal geaccepteerde cocaïne, doping zonder diskwalificatie: een kinderdrankje voor volwassenen en een volwassenendrankje voor kinderen. Juist het foute ervan is verleidelijk. Hangjongeren en kantoorslaven drinken het niet alleen 'voor momenten van verhoogde fysieke en mentale inspanning', maar voor dat quasigevaarlijke leven op het randje (in je kantoortuin; op je hangplek).

Je krijgt geen energie van energiedrank; je krijgt de drang om iets te doen – maakt niet uit wat. Het is energie van trillen, beven, draven, de tomeloze energie van een kip zonder kop. Het is de energie van uitroeptekens zonder een zinnige mededeling die eraan voorafgaat.

!!!

Dat is de energie van onze tijd. En die placebo-energie heeft daadwerkelijk effect, toonden onderzoekers van Boston College aan: alleen al het zíen van het Red Bull-logo maakt mensen roekelozer. Simpel gezegd: proefpersonen die een racespelletje speelden haalden gemiddeld hogere tijden én ze crashten vaker. Wie een boek leest, is slimmer bezig dan iemand die zijn auto crasht, maar ziet er niet energiek uit. Dat is in een notendop het probleem van onze verering van energie: doldwaze dadendrang heet opeens doelgerichtheid, loze opwinding heet nieuws, snelheid en haast heten vooruitgang. Deftiger gezegd: de contemplatieve dreigt het af te leggen tegen de energieke mens. Terwijl ik denk dat de mensheid nu juist wel wat contemplatie kan gebruiken, wil zij vooruitkomen...

Op een zondag in oktober 2012 sprong een man uit een ballon terwijl de mensheid toekeek. Gezinnetjes bogen zich over

iPads, cafégangers schaarden zich rond tv-toestellen en op de telexen van Twitter en Facebook ratelde minutenlang dezelfde naam: Felix Baumgartner. We waren met hem in de wolken, zagen door zijn helmcamera de duizelingwekkende diepte, en terwijl we keken, herbeleefden we onze eigen duizelingwekkende duikplankmomenten.

Als het ruimtepak zou knappen, zou zijn bloed gaan koken, wisten we.

'I'm going home now,' zei Felix en hij sprong, in naam van de vooruitgang.

En hij viel.

En viel.

En viel.

Deze man liet ons weer dromen. Dit was de maanlanding van onze tijd. Dit was een *viral* uit de hemel. Tenminste, zo voelde dat, gedurende een paar minuten op die zondagavond.

Inmiddels zijn we weer terug op aarde. We weten nu dat de

sprong van Baumgartner een replica was van een vrije val die eerder, in de jaren zestig al, was gedaan.

In 1960 dook de Amerikaanse luchtmachtpiloot Joe Kittinger vanaf 31 kilometer uit een ballon, waarbij zijn lichaam een snelheid bereikte van 988 kilometer per uur. Hij was dus iets minder snel dan de supersone Baumgartner, maar hij moest werken onder primitievere omstandigheden. Door een technisch defect zwol een van zijn handen op tot tweemaal de normale grootte. Hij had minstens zo veel moed, alleen veel minder kijkers.

De sprong van Baumgartner werd spectaculair in beeld gebracht. Maar eigenlijk zagen we een sprong terug in de tijd. Een *remake*. Een jarenzestigretrojump.

En Baumgartner verbrak niet eens alle stokoude records die hij had gehoopt te verbreken: zijn duik wordt in de geschiedenis van de luchtvaart niet meer dan een Wikipedia-voetnootje.

Door spectaculaire en snelle beelden lijkt het soms alsof we ons in een stroomversnelling bevinden. Feitelijk staan we stil. De Space Shuttle staat in een museum. Vroeger, toen waren we pas goed.

Een retrojump via een livestream past bij een tijd van opgepoetste nostalgie. De sprong van Baumgartner is symbolisch voor een tijd waarin we het reeds bestaande herverpakken en verkopen als nieuw. Zie bijvoorbeeld de terugkeer van de polaroidfotografie – ditmaal in een iPhone-app. Of zie de protestbeweging van Occupy: idealen uit de jaren zestig, maar verpakt in een trendy Twitter-jasje. Of denk aan de hipsters: dat zijn een soort hippies, alleen beter vermarkt. Dit was geen sprong van vooruitgang en moed, maar van terugval en nostalgie.

Het is makkelijk om vanaf de begane grond af te dingen op zo'n show. Baumgartner deed iets waar ik nauwelijks naar durfde te kijken. Maar ik zou er niet over begonnen zijn als zijn sponsor Red Bull – de mecenas der adrenaline – deze circusact niet zelf had aangekondigd als een wetenschappelijk experiment van historische importantie. Letterlijk: 'the ultimate scientific experiment in a near-space environment'.

Ons was geschiedenis beloofd. Zo was ook de mise-en-scène: we zagen een man in een astronautenpakje, we zagen een soort 'Houston' in New Mexico (met in megaletters op de muur: RED BULL STRATOS MISSION CONTROL). En toen onze held landde, had hij direct een memorabel, *tweetable* citaat paraat: 'Sometimes you have to get up really high to understand how small you are.'

Je vergat bijna dat hij niet eens in de ruimte is geweest, zelfs niet bij 'the edge of space': ergens halverwege onze stratosfeer liet hij zich vallen. Dit 'ultimate scientific experiment' had de kenniswaarde van een wasmiddelreclame. Het enige wat bevestigd werd was dat de zwaartekracht nog werkt. Want hij viel, viel, viel.

Was dit dan een fopduik? Voor een fopdrankje? Met een fopastronaut? Sommige kranten deden de actie af als een stunt. Toch was het meer dan alleen dat. Dit was misschien geen mijlpaal in de luchtvaart, maar wel in marketing.

Red Bull is geen drankfabrikant maar een marketingbedrijf, schreef zakenblad *Forbes*. Eigenlijk is het dat al sinds de oprichting in 1987. Kijk maar wat het produceert: behalve die blikjes ook muziek, bladen, televisie, wedstrijden, 'ruimtesprongen' – alles in eigen beheer. We staren ons blind op de blikjes, maar de core business van Red Bull is beeldvorming. En in die sector is Red Bull de wereld ver vooruit.

De geniaal bedachte en vlekkeloos uitgevoerde sprong van Baumgartner was daarvan een voorlopig hoogtepunt. Vijf jaar werkte Red Bull aan de stunt: dat is een jaar voorbereidingstijd voor elke 100 seconden vrije val (deden overheden en universiteiten maar aan zulke langetermijnplanning!). Dat de sprong eerder was gedaan, moffelde Red Bull trouwens niet weg; dat werd juist benadrukt. De oude testpiloot Joe Kittinger (84) was in het controlecentrum aanwezig: hij onderhield het radiocontact met Baumgartner. Functioneel was dat niet, maar de symboliek was helder: de oude piloot geeft het stokje door aan een nieuwe generatie. Intussen was er nog een andere wisseling van de wacht gaande: met een relatief eenvoudige parachutesprong kreeg een spektakelbedrijf meer aandacht dan de NASA met echte raketten. Zo spectaculair was deze commercial, dat de journaals wereldwijd er ruimte voor maakten in hun uitzendingen. We waren getuigen van een kaping: de grootste aandachtsroof uit de menselijke geschiedenis.

Dit was een machtsgreep van marketing. Een symbool voor het feit dat we niet meer in de *space age* leven, maar in het reclametijdperk.

Reclame was er altijd al. Heel veel waardevolle zaken zouden niet kunnen hebben bestaan zonder goede marketing. 'Goede wijn behoeft geen krans', heet het, maar dat is onzin: juist goede wijn moet je een goede krans geven, anders bereikt het de liefhebber niet. Het punt is ook niet die marketing op zich, het gaat om een nieuw soort marketing. Traditionele marketing gaat zo: je hebt een mooi product, je doet er een mooie strik om, zodat meer mensen het mooie product kopen. Maar Red Bull-marketing is: je hebt een leeg blikje, je doet er een enorme strik om, zo gigantisch, dat je alleen nog die strik ziet – er is alleen maar een strik. Anders gezegd: een goede krans behoeft geen wijn.

Dat is de triomf van vorm boven inhoud. De triomf van het plaatje boven het nadenken. Met als mijlpaal: Red Bull verslaat NASA. De inventiviteit en brutaliteit ervan zijn jaloersmakend. 'May our attempts and accomplishments progress humankind,' twitterde Baumgartner na zijn sprong. Maar is de mensheid inderdaad geholpen met zijn commercial? Of blijft onze grootste prestatie dat er een man uit een ballon sprong om op aarde blikjes te verkopen? Zien we door de illusie van stroomversnellingen en energie niet eens dat we stilstaan?

Misschien gaan we zelfs wel achteruit. Misschien is dit een herfsttij, vermomd als space age. Neem de luchtvaart: tot aan de jaren zestig konden we steeds sneller vliegen, met als hoogtepunt in 1969 de Concorde. Maar de Concorde ging met pensioen.

De reistijd van Parijs naar New York is niet korter, maar langer geworden.

Als we dan toch in het verleden leven, en als we dan toch zo vol energie zitten om rare dingen te doen, laten we dan doen zoals de allereerste parachutespringers. Die sprongen zonder camera, zonder verzekering en zonder vooraf een slokje toverdrank die vleugels geeft. Er is een beroemd zwart-witfilmpje uit 1912 van de idiote uitvinder Franz Reichelt die in een zelfgenaaid pak van de Eiffeltoren sprong. Ik zal jullie eens laten zien dat mijn uitvinding werkt, zei hij, 'à bientôt!'

En hij viel.
En hij fladderde.
En hij viel – te pletter.

Geplette blikjes Red Bull liggen er altijd wel in mijn straat. Soms, als ik mijn auto parkeer en er eentje zie liggen naast de stoeprand, buk ik om het artefact te pakken. Afval is het,

schroot dat glinstert in het zonlicht alsof het een kostbare delfstof is. Het blikje in mijn hand is zo plat als een dubbeltje, geplet door autobanden. De lak is beschadigd, de letters zijn nog nauwelijks zichtbaar. Het logo – twee rode stieren – is verwrongen tot een kubistisch schilderij. Niet lang geleden moeten de nu scherpe randen van het blik de lippen hebben beroerd van een man, hoogstwaarschijnlijk was het een man, een van de jongens die ik wel vaker zag in de straat, lusteloos rondhangend in de portiekjes, op straathoeken; niet echt rolmodellen voor het product. Misschien had hij het blikje gekocht bij de avondwinkel op de hoek, bij de Energy Dictator. Hij had het leeggedronken op straat, denkend aan skydiven. Het had hem nieuwe energie gegeven, niet de energie om na te denken, maar een energie die hem dicteerde dat hij het blikje met een krachtige worp op straat moest mikken: de energie van de Red Bull-mens.

Ik ruim het blikje op, ik, weldenkende burger.

De film *Shame* gaat over een seksverslaafd nachtdier genaamd Brandon. De film speelt zich vooral 's nachts af, in clubs in Manhattan. Wat voor werk Brandon heeft, zien we niet (doet er niet toe). Wel zien we hem neuken en eten. Of, nu ja, eten: hooguit een bakje afhaalchinees als hij porno kijkt. En 's ochtends een blikje Red Bull bij wijze van ontbijt.

'Here's someone who just eats as fuel,' zei Michael Fassbender, de acteur die Brandon speelt, in een interview. Dat is een goede weergave van de Red Bull-mens. Het is geen dier maar een machine, die fuel nodig heeft. Red Bull drinken is een vorm van benzine tanken. Het verklaart die onmenselijk vieze smaak. Het verklaart waarom ze die blikjes altijd op benzinestations verkopen.

In de reclame voor het drankje TAKE OFF – een van de vele kopieën van Red Bull, figureert ene Jack N'Gine (vrij vertaald: 'Jan de Motor'). Hij zegt in de reclame: 'Hoi. TAKE OFF geeft de frisse kick als mijn aandrijving begint te haperen, zodat alles weer op rolletjes loopt – op het werk, een feestje, in mijn vrije tijd of onderweg.'

Hier zien we de mens die zichzelf als machine beschouwt. En een machine heeft natuurlijk geen melk nodig, maar energiedrank. Die eet geen boterham, maar wil een flesje Mars Refuel. Die zegt niet dat hij op vakantie wil, maar dat hij zich 'even moet opladen'. De mens als automaat, met een batterij.

Ik las een pamflet van de Duits-Koreaanse filosoof Byung-Chul Han, het heet 'De vermoeide samenleving' en is een vrij ingewikkeld filosofisch werkje, contemplatief, zou ik bijna zeggen, maar je zou het kunnen samenvatten met deze zin: te veel van het goede is niet goed. En het probleem, aldus deze filosoof, is dat er nu te veel van het goede is; er is zelfs sprake van een 'dictatuur van positiviteit', een dictatuur van 'overproductie, overprestatie, overcommunicatie'. Dit alles maakt van de moderne mens een hyperenergieke neuroot, die zichzelf vrijwillig uitbuit en afmat en die dat 'vrijheid' noemt. Het is een alert mens, vol energie – dat wel, ja. Maar het is de alertheid en energie van wilde dieren op de savanne. Wilde dieren die continu gespitst moeten zijn op gevaar, op kansen, op rivalen. Een beest is het, dat nooit een moment rust kent, zelfs 's nachts niet...

'S Nachts, als de filosofen slapen en de supermarkten zijn gesloten, loopt er een mens over straat naar de Energy Dictator in Amsterdam-West. Even fuel inslaan. Geen Red Bull koopt hij daar. O nee, zo iemand is hij niet. Gewoon koffie: energiedrank voor keurige mensen. Dat geeft hem vleugels, dan kan hij doorwerken, dan schrijft hij tot diep in de nacht over het tijdperk van de energieke mens, die van de mens een wild dier heeft gemaakt, en dan neemt hij een slokje koffie, en opeens snapt hij de logica achter dat curieuze logo op de blikjes Red Bull: een ondergaande zon met op de voorgrond twee wilde beesten die heel energiek zonder enige reden tegen elkaar aan knallen.

Hemel van havermout

Wat betreft ruimtevaart zou je kunnen zeggen: al dat proefjes doen, zwevend in de hemel, in gekke pakjes – het is onpraktisch, het is zeer prijzig en het voegt weinig toe aan wat we al weten. Ruimtevaart is voor de sier: omslachtig showballet. Als het al een functie vervult, dan is het alleen deze: onze verbeelding spekken, dromen over nieuwe grenzen.

Die functie deelt de ruimtevaart met bijvoorbeeld poëzie, al is die laatste goedkoper. Maar zowel poëzie als ruimtevaart is een activiteit waar veel mensen het nut niet van inzien. En zowel de dichter als de astronaut voelt de druk om uit te leggen wat hij eigenlijk aan het doen is, wat zijn gezweef en gezweet de mensheid per saldo oplevert.

In de sterrenhemel zagen we op een goed moment André Kuipers verschijnen, de Astronaut des Vaderlands, hij die een halfjaar namens alle Nederlanders in de hemelen mocht wonen, of in elk geval een flink eind van ons aards bestaan vandaan. Zijn wetenschappelijke verdiensten kan ik niet goed inschatten. Maar hij heeft in elk geval één belangrijke proef uitgevoerd. Het gaat om een experiment in de communicatiewetenschap: hij was de eerste Nederlandse astronaut die vanuit de ruimte twitterde.

Andrés voorgangers deden dat nog niet. Die bleven gewoon een poosje weg en bij terugkeer vertelden ze hoe het was, eerst aan Hare Majesteit, daarna aan het plebs. Maar @astro_andre had een kwart miljoen volgers, die hij gul berichtjes stuurde, tijdens zijn verblijf in totaal zo'n 800 stuks.

Twittert men in de ruimte anders dan thuis? Dat is een fundamentele vraag. Het probleem met sociale media, zei men ooit, is dat mensen die niets te melden hebben toch iets gingen melden. Het web zou te laagdrempelig zijn: het biedt elke slampamper een platform. Die oude hypothese konden we nu eindelijk testen, dankzij onze astronaut. Want bij een astronaut staat buiten kijf dat hij iets heeft om over naar huis te schrijven.

André schreef veel over trivia. Bijvoorbeeld over hoe het was op zijn werk: uitleg over proefjes, de ongemakken die het ruimtekamperen met zich meebrengt (een wc die moest gerepareerd). Soms een groet naar vrienden, soms een glimp uit het raampje, soms wat reclame: kortom, veel ditjes en datjes.

'Ontbijt,' schreef hij eens. 'Roerei, havermout met bruine suiker, aardbeien, citroenthee. Gevriesdroogd. Water erbij en klaar!'

En bij een andere gelegenheid: 'Acda en de Munnik, dank dat ik als eerste en in de ruimte jullie nieuwste cd mocht horen!'

Havermout, Acda en de Munnik, huishoudelijk werk – de berichtjes verschilden niet wezenlijk van de alledaagse beslommeringen die wij, gewone mensen, op onze telexen publiceren: iemand heeft een mooie foto geüpload, iemand heeft 'photoshopped photos of celebrities' gelezen, iemand vindt iets leuk.

En André, hij at zojuist havermout. Zijn ruimtetweets zijn hooguit speciaal zoals de supermarkt in het buitenland speciaal is: alles is er anders, maar eigenlijk precies hetzelfde.

Dat laconieke, bijna banale stijlregister hield André heel zijn reis vast. Vlak voor zijn terugkeer schrijft hij: 'Ik kom eraan, nog een paar nachtjes slapen.' En na een sensationele afdaling door de dampkring: 'Goed om terug te zijn. Mijn missie gaat nog even door met testen, revalidatie en nabesprekingen.'

Sociale media zijn hysterisch en hyperbolisch, zegt men: ze maken alles groter dan het is. Een duf feestje heet er al snel een 'evenement', en na een blokje hardlopen verschijnt er een communiqué alsof het om de marathon ging. Maar bij André gebeurde het omgekeerde. Hij was 193 dagen in orbit, maar sprak erover alsof hij even op cursus was in Drenthe: 'Nu nog wat nabesprekingen.' Was @astro_andre soms niet onder de indruk van het heelal? Duizelde het hem nooit?

Dit waren observaties die je eigenlijk ook best vanuit huis kon bedenken. Heel soms leek het alsof hij zich even liet gaan. 'Méditerranée, zo blauw, zo blauw...' schreef hij eens bij een ruimtefoto van de Middellandse Zee, maar dat was een verwijzing naar Toon Hermans. En de astronaut switchte snel terug naar het prozaïsche: 'Het Progress-vrachtschip is aangekoppeld met een nieuwe voorraad kaas. Als dat maar in het koelkastje past...'

Je bent in de hemel en je denkt aan kaas.

De uitkomst van het experiment is dus dat de mens in het heelal precies hetzelfde twittert als thuis. En dat is schokkend. We zijn over het alledaagse gaan praten alsof het fabelachtig is, dat wisten we al, maar nu blijkt dat we ook over het fabelachtige praten alsof het aards is. Of hield André iets voor ons achter?

Ieder tijdperk krijgt zijn eigen kosmos. Voor ons is ruimtevaart vooral communicatiewetenschap. Onze astronaut werd een mix van wetenschapper, BN'er, held en reclamebord. Een twitterende ster aan het firmament, die gewoon bleef, nog gewoner dan die andere André, de zanger, met z'n vlieger. Ruimtevaart was vroeger het bewijs van de grootsheid van de mens, maar nu toont hij eerder onze gewoonheid aan. In onze hemel eet men havermoutpap en luistert men naar Acda en de Munnik. Zo'n hemel wordt op den duur een hel.

Het grote misverstand: de elite past zich aan aan de meute, en dat werkt averechts. De politicus die zichzelf presenteert als normaal, zal ook worden gezien als normaal – en wie normaal is, verliest respect.

De baas van André, de Europese ruimtevaartorganisatie ESA, was overigens zeer content met al het gecommuniceer. Volgens het persbericht had André 'het voorrecht om in de ruimte te leven' met de wereld 'gedeeld'. En had hij de ruimtevaart 'dichter bij de mensen gebracht'.

Dat laatste is natuurlijk ook zo: André heeft de ruimte zo dicht bij de mensen gebracht, dat de hemel aards werd en angstwekkend alledaags. Astronauten die terugkeren zouden mysterieus moeten zwijgen. En als de functie van ruimtevaart het prikkelen der verbeelding is, laten we de volgende keer dan iemand sturen die ten minste verbeeldingskracht bezit. Een dichter, misschien.

De dichter Hendrik Marsman schreef eens hoe hij 'sidderend tusschen de sterren' hing en hoe hij 'sliep bij de sterren', en ''t stuifmeel der planeten / over den melkweg blies'.

Zo klinkt het heelal al veel spannender. Maar misschien komt dat juist doordat Marsman, anders dan zijn naam suggereert, nooit de aarde heeft verlaten.

Super Soaker

Als je in de database van de United States Patent and Trademark Office zoekt naar 'United States Patent 4,591,071' kom je bij een uiterst gedetailleerd document van bijna 4000 woorden en vele bouwtekeningen, beschrijvende een 'hand-held toy squirt gun having a futuristic space ray gun appearance'. Bij een klassiek waterpistooltje duw je via de trekker water door een kleine opening, zodat er direct een straaltje uit komt, maar met het apparaat zoals hier beschreven, bouw je eerst met enkele pompbewegingen luchtdruk op, die je pas later loslaat.

Het systeem is bedacht door de Amerikaanse ingenieur Dr. Lonnie Johnson. Hij was als raketwetenschapper in dienst bij de Galileo-missie van de NASA. Op een dag was hij thuis in de badkamer een zelfbedacht pneumatisch koelbuizensysteem aan het uittesten, toen hij bedacht dat dit systeem ook perfect zou zijn voor een waterpistool. Hij bouwde een prototype van PVC-buizen, een colafles en plexiglas. Het pneumatische pistool werkte perfect; iedereen in de straat was gek op het ding, vertelde hij later tegen *Time*.

In 1991 komt het waterpistool op de markt als de Super Soaker®. The Most Powerful Watergun Ever. Een waterpistooltje met een terugslag. Zomers veranderden voorgoed. Het waterstraatgevecht werd hightech: jochies van vier konden je opeens van tientallen meters afstand treffen. Of zoals een oude Nederlandse commercial beloofde: 'Je raakt 'm voordat ie 't weet!'

Een beschaving is op haar beschaafdst als zij rakettechnologen inzet om waterpistooltjes te ontwerpen. Dan weet je dat vrede op aarde niet ver is. In de hemel zullen vast en zeker Super Soakers zijn en urenlange watergevechten.

Er zijn allerlei tributepagina's voor de originele Super Soaker, zoals op retroland.com of isoaker.com, waar herinneringen gedeeld worden aan dagenlange epische watergevechten, de lamme arm van het laden, geslaagde sniper attacks.

De modernere versies van de Super Soaker zijn grimmiger. De kleuren zijn donkerder, de formaten heftiger, psychopathisch bijna. Ze heten nu Triple Aggressor, Aquapack Devastator, Sneak Attack. De MONSTER XL heeft zo een zwaar kaliber dat je er een statief bij nodig hebt. Op de dozen staan foto's van dreigend kijkende tieners. Op YouTube staat een oude commercial uit 1991. Twee jochies worden geweigerd door een meisje bij een pool party. De jongens nemen wraak: ze plegen een aanslag met Super Soakers. 'Super Soaker. It's a water gun of a higher caliber.'

Onder dit filmpje heeft iemand geschreven: 'A few years later,

the same two kids enrolled at Columbine High School...'
Zelf heb ik nooit een Super Soaker gehad. Toch ervaar ik nostalgie bij het zien van het fluorescerend gele frame, de helgroene watertank: heimwee naar 1991, toen de mensheid heel even verstandig leek te worden en wapens omsmeedde tot waterpistooltjes. Super Soaker, kalasjnikov van een onbekommerde jeugd, symbool van een generatie die bleef spelen.

Hipsters liften niet

Soms zit er aan je voet opeens een vreemde schoen, als een alien. Je denkt dat je een volwassen man bent. Je denkt dat je zelf je schoenen kiest. Maar nee: je kiest je schoenen niet zelf, je schoenen kiezen jou. Jij bent slechts een stuiterballetje onder invloed van tijdgeest, reclame en het hele raderwerk van marketing, milieu, moment.

Kijk naar je voeten: de schoenen die je nu draagt zijn niet je eigen idee. Het zijn aliens.

Of laat ik voor mijzelf spreken. Mijn schoenen kreeg ik via een vriend van mij, een schrijver, die een doos schoenen kreeg opgestuurd. De fabrikant moet hem hebben aangezien voor rolmodel voor de jeugd en bestookte hem met tien paar sneakers. Ik mocht ook een paar uitzoeken.

Natuurlijk zou ik me dan medeplichtig maken aan een vernuftig marketingmechanisme, maar *soit*, gratis is gratis, en deze schoenen lagen nog nergens in de winkel.

Ik koos een wit-rood-blauw paar. Het waren remakes van de originele Onitsuka Tiger-lijn, van de Japanse schoenenfabrikant ASICS, een merknaam die staat voor *Anima Sana in Corpore Sano*, een gezonde geest in een gezond lichaam, een citaat van Juvenalis, de Romeinse dichter. Ik was kortom in mijn nopjes.

Tot ik een paar weken later een fotoverslag zag van de Hipster Olympiade, in 2012 in Berlijn. Het was een ironische modeshow. Er waren wedstrijden brilwerpen, je kon er touwtrekken met skinny jeans en de hoofdvraag was: *wer ist der Hipster aller Möchtegern-Trendsetter?*

Tot mijn verbijstering zag ik op die foto's allerlei Berlijnse hipsters met precies dezelfde Onitsuka Tiger-sneakertjes als ik. Mijn schoenen waren dus gewoon hipsteraccessoires. Zo ging de lol er wel wat af, want ik wilde per se niet overkomen als hipster.

Hipster is een rekbaar begrip. Het betekent zoiets als: nep zijn. De hipster heeft niets zelf bedacht, hij is puur pose. Hij is het doodlopende steegje van de westerse beschaving. Daarom haten velen hipsters. Hipster zijn is hoe dan ook een van de grootste taboes van de afgelopen tien jaar.

Een sluitende definitie bestaat niet. Wel circuleren er lijsten met kenmerkende eigenschappen en accessoires.

Voordat ik zelf per ongeluk hipster werd, had ik regelmatig anderen geplaagd met dit etiket. Zo sprak ik twee keer iemand met om de pols een Casio-horloge. Die waren in de jaren negentig populair op school, en zijn nu een erkend hipster-item. Toen ik de dragers daarop wees, leken *ze not amused*, alsof ik suggereerde dat hun kleinood iets bedachts was, onderdeel van een pose.

Nu droeg ik dus zelf hipsterschoenen. En hoe beter ik keek, hoe meer ziekteverschijnselen ik bij mezelf zag:

Ik maakte foto's met een vintage app.

Ik had een spijkerbroek die taps toeliep.

Ik had een tweedehands racefiets.

Ik had een 'ironische' koptelefoon van Skullcandy: eentje met doodshoofdjes erop.

Tijdgeest is een bitch. Tijdgeest is koolmonoxide: je ruikt niets, je voelt niets, en als je dan toch opeens een lichte duizeling ervaart – te laat. Op een dag word je wakker met andere schoenen aan. En haat je jezelf.

Voor elk van die accessoires had ik wel een verklaring. Tweedehands racefietsen, daar reed ik al sinds mijn vijftiende op. De vintage app was onderdeel van mijn research. De spijkerbroek was een ongelukje. De koptelefoon had ik cadeau gekregen.

Maar juist dat zoeken naar excuses maakte me een volbloed hipster. De hipster zal altijd excuses zoeken: hij zal beweren dat hij altijd al rare hoedjes droeg, ver voor de tijd dat die populair werden (of naar bepaalde muziek luisterde; of W.G. Sebald las; of een baard droeg).

Zeggen dat je altijd al een baard droeg, bewijst niet alleen juist dat je hipster bent, maar ook nog eens al heel erg lang. Ontkennen maakte het alleen maar erger.

Juist hipsters zelf ontkennen namelijk dat ze er een zijn. Dat is een ander kenmerk van de hipster: zelfverloochening. De latente hipster haat de hipster het meest, zoals latente homo's om het hardst homo's haten – omdat de mens nu eenmaal het meest haat wat hij bij zichzelf herkent.

De hipsters werden dus vooral gehaat door zichzelf. Dat zou grappig zijn, als het niet ernstig was.

Om die zelfhaat te begrijpen, moeten we terug naar de tijd dat de hipster juist trots was op zichzelf. Dat waren heel andere hipsters, ver voor onze tijd. Dat was in de jaren veertig en vijftig van de vorige eeuw.

Het waren zwarte jazzmuzikanten die zichzelf als eerste 'hipster' noemden. Daarna wilden bepaalde blanke Amerikanen ook 'hipster' zijn: jonge, zwervende rebellen die hun 'blankheid' wilden wegpoetsen met jazz. Jack Kerouac schreef er in de jaren veertig over, Norman Mailer publiceerde in 1957 het essay 'The White Negro. Superficial reflections on the hipster'.

Daarna raakte de hipster decennia in de vergetelheid, tot hij – samen met veel andere zaken uit de jaren vijftig, zestig – eind jaren negentig opnieuw opdook. Nu waren het blanke twintigers in New York die zich tooiden met de term hipster. Of beter gezegd: die die scheldnaam kregen. De term werd gebruikt voor een groep jongeren die de witte, mouwloze hemden droeg van de white trash ('wife-beatershirts'); ze dronken goedkoop bier uit blik, ze droegen trucker hats, ze hadden tatoeages – allemaal verkleedkleren uit de garderobe van de blanke onderklasse.

Het waren geprivilegieerde jongeren. Ze leken hun blank-zijn juist te benadrukken, schrijft Mark Greif in zijn essay 'Grafschrift voor de blanke hipster', dat in 2010 verscheen in het literaire tijdschrift *N+1*. Het is volgens mij het beste artikel over het fenomeen. Greif schrijft dat deze jongeren zich lijken te schamen voor hun rijkdom en dus dwepen met de symboliek van de onderklasse.

Behalve het verschil tussen rijk en arm, speelt er volgens hem ook iets raciaals. In veel steden vormen blanke jongeren nu een minderheid. Ze voelen zich in het gedrang. Dus proberen ze hun blank-zijn meer dan vroeger te benadrukken.

Dat is een interessante analyse: de hipster als bange blanke. Maar dat verklaart niet de zelfhaat en het taboe op hipsterdom. Greif schrijft ergens dat de hipster wordt gekenmerkt door een gebrek aan authenticiteit, 'door een gevoel te laat tot de scene te zijn gaan behoren'. Misschien komt die zelfhaat dus voort uit het feit dat de hipster beseft dat zijn hele bestaan door anderen bedacht is, dat alles wat hij doet en nastreeft al eerder en zelfs beter is gedaan – zelfs zijn naam hipster is gejat van vroeger.

Dat minderwaardigheidsgevoel zie je pas goed als je de hipster van nu vergelijkt met zijn voorganger. Die is in alles zijn meerdere. De oorspronkelijke hipsters waren rebels en vernieuwend. De moderne hipsters zijn slaafse, brave *fashion victims*. Ze hebben hun mond vol over creativiteit, ze starten duizenden bandjes, maar ze beseffen ook dat ze geen Dylan zijn. Het verleden is voor hen een grote broer waar ze nooit aan zullen tippen maar die ze toch blijven nadoen.

Juist dat besef maakt deze 'neo-bohemien' in zijn ironische T-shirt met een Lego-figuurtje tot een tragisch type. Hij heeft niets toegevoegd aan zijn eigen tijd, niets gemaakt, niets meegemaakt. En weet net genoeg over vroeger om jaloers te zijn op de prestaties van toen.

Soms bemoeit hij zich wat aan tegen de dreigende ondergang van de bijen, of eist hij het schenken van kraanwater in de horeca. Als hij bij de H&M een palestinasjaal koopt, zegt iets in zijn achterhoofd hem dat dit ooit een symbool was voor een strijd vol betekenis, zegt iets hem dat het gek is om dit zomaar als mode-item te dragen. Dan schaamt hij zich dat zijn eigen strijd niet veel verder lijkt te gaan dan brilwerpen op de Hipster Olympiade.

Hij is geen rebel, hij is marketingmarionet. Hij weet dat hij snakt naar authenticiteit, maar beseft dat elk mode-item hem daar verder vanaf voert. Die gespletenheid van ziel zie je ook in het hipster-lijfblad *Monocle*: de hoofdredacteur ervan is een ex-oorlogscorrespondent, maar in het blad lijkt de Arabische Lente vooral een lifestyle-event.

De hipster is bij uitstek 'meta': hij neemt niet deel aan de samenleving, maar beschouwt die. Hij schrijft liever opinies over opinies over opinies dan dat hij op reportage gaat om de werkelijkheid te beschrijven. Hij leeft niet, maar staart naar zijn navel, is ziek van zelfreflectie – heeft een doorgeslagen essayistische geest, zit muurvast in een *loop* van zelfbeschouwing. Hij realiseert zich als geen ander dat hij hipster is: leeg, niet doorleefd, maar een geleend leven levend, zijn lijf slechts een kapstok voor accessoires, zijn geest vol citatenwijsheid, verzamelhok voor half begrepen quotes van anderen.

'Ik voelde mezelf nep en vluchtig worden,' bekende voormalig Tweede Kamerlid Tofik Dibi in een handgeschreven interview in *nrc.next*, in een terugblik op zijn niet geslaagde, megalomane gooi naar het leiderschap van zijn partij (slogan: BAM!). Nep en vluchtig zijn – het is de diepste angst en de blues van deze tijd.

Hipsters kijken naar films van jonge schrijvers die liftend door Amerika gaan. Zo willen ze ook wel leven. Maar zelf liften ze niet, durven ze niet – zie hoe leeg de opritten der snelwegen tegenwoordig zijn.

Wannabe met een slecht geweten – dat exact is de tragiek. De hipster is uiteindelijk iemand die terugdeinst, die schichtig is. Het ijle gepiep van zijn eigen willetje laat zich steeds simpel overreden. In een wereld waar alles onecht lijkt, twijfelt hij vooral aan zichzelf.

Op een avond fietste ik in Amsterdam langs een reclamezuil die in zijn geheel bekleed was met een poster van Converse All Stars. Dat schoenenmerk bestaat sinds 1917. Het bedrijf draaide met alle winden mee, slaagde er steeds in om gezien te worden als cool, als schoeisel van de revolutie, van de straat, zelfs nadat het merk sinds 2003 onderdeel van Nike werd.

Het merk is een leeg doek waar je van alles op kunt projecteren. Net als de hipster zelf. Canvas.

'Introducing peace on earth', stond er op de poster, met stripfiguurtjes op een skateboard en tekeningen van elpees.

Vrede op aarde via een schoen – de ideale hipsterschoen.

Even overwoog ik om juist daarom die schoen te kopen: door openlijk te erkennen dat ik hipster was, ook ik, was ik het immers niet meer. Maar ik durfde nog niet, ik zou voor gek lopen.

Ooit zal ik mijn eigen sneakers verraden. Dan zal ik ze uitschoppen, blootsvoets zal ik de vrijheid voelen kietelen: aarde, gras, straat. Tot die tijd: ook ik, hipster.

Fijne verjaardag voor jou

Op 16 januari 2012, één minuut over twaalf 's nachts – ik sliep –, viel er een digitale verjaardagskaart in mijn inbox. Het was een scan van een echte kartonnen kaart, want er stonden handgeschreven felicitaties op.

'Gefeliciteerd met je verdaag!' had Bastiaan geschreven.

'Hiep hiep hurray!' zei Marjolein. Ze had er een muzieknootje bij getekend.

'Maak er een leuke dag van met je vrienden!' aldus Steffen.

Ik kende al die mensen niet. De kaart kwam van het bedrijf waar ik een mobiele telefoonaansluiting heb.
'Hi! feliciteert je graag als eerste.'
En: 'Welkom bij de Hi Society.'
De Hi Society – de samenleving waar zelfs mensen die je niet kent je verjaardag niet vergeten. Ik koester dit verjaardagskaartje, omdat het licht werpt op de paradox van het jarig zijn. De paradox is dat ik me vaak juist op mijn verjaardag een heel klein beetje ongelukkig voel. Ik noem dat verjaardagspijn.
Het ligt niet aan mijn vrienden. Elk jaar feliciteren die mij hartelijk. Zo ook dit jaar. Op Facebook regende het felicitaties:
'Happy bday!!!!'
'Er is er één jarig..! :-)'
'Hoep hoep hieraaa! Happy Happy! Joy Joy!'
'Wahoooooo!!!!'
En zo ging het maar door, de hele dag. Deze felicitaties waren weliswaar niet automatisch gegenereerd, maar toch ook wel een beetje: al mijn honderden Facebook-vrienden kregen die dag een automatische herinnering te zien die hen attendeerde op het feit dat ik jarig was. Maar ik zal niet de moderne technologie de schuld geven.

Het probleem van jarig zijn begon toen de samenleving had bedacht dat iedereen speciaal was. Iedereen speciaal – dat is al een paradox op zich: als iedereen speciaal is, dan is speciaal zijn de norm, en is iedereen normaal. Dus omdat niet iedereen tegelijk speciaal kon zijn, hadden we het zo bedacht dat iedereen om beurten één etmaal speciaal was. Al die verjaardagen bij elkaar opgeteld vormen het grootste evenement op aarde. Een wereldwijde estafettepolonaise die nooit stopt.

Veel mensen zien op tegen de dag dat ze vieren dat ze speciaal zijn. Ze ervaren druk om speciaal te zijn, zouden liever van dit concept af willen, ze vieren hun verjaardagen met tegenzin. Misschien ben je zelf ook wel zo iemand die uiteindelijk vlak voor de deadline een halfslachtig mailtje rondstuurt: 'Ik vier het dit jaar niet écht, maar ik zit wel toevallig zo en zo laat in dat en dat café. Eerste rondje is voor mij.'

Als kind was dit een dag waar je naar uitkeek. Een dag van ongecompliceerd geluk, van cola slurpen met een kronkelrietje en het woest scheuren van pakpapier. Alleen het moment dat je op een stoel moest gaan staan en de klas je toezong, voelde ongemakkelijk, dan voelde je de druk van speciaal zijn. Maar dat was te verdragen, denkende aan cola en cadeaus. Sinds je ouder bent, en je elke dag zoveel cola en chips kunt kopen als je wilt, is die compensatie er niet meer.

Wat resteert is een dag die er in alles op wijst dat je doorsnee bent. Dat merk je bijvoorbeeld aan de liedjes. Dit is zo'n beetje het repertoire:

Ei, ei, ei,
we zijn zo blij,
Want [vul hier naam in] die is jarig
en dat vieren wij!
Ei, ei!

En dat dan begeleid door de vrolijke tonen van een papieren roltoeter. Want dat vinden we allen zo prettig, ja, ja. Dat is niet speciaal, dat is een invulformulier. Verjaardagen zijn geen maatwerk, maar een format. En dat kun je niemand kwalijk nemen.

Je merkt het ook aan de vragen die mensen stellen als je jarig bent. Die vragen zijn zelfs minder specifiek dan op normale dagen:

Voel je je een beetje jarig vandaag?
Heb je een beetje leuke dag?
Ga je het nog vieren?

Of denk aan de felicitaties die je krijgt. Een verjaardagsfelicitatie is zelden specifiek, altijd van harte gefeliciteerd (of een jolige variant om het nog wat te doen lijken). Waarmee? Met de datum in je paspoort. Met een administratieve wijziging.

Wat de felicitaties op Facebook betreft: de Amerikaanse journalist David Plotz nam eens de proef op de som. Hij veranderde

op zijn Facebook-profiel een paar keer zijn geboortedatum. Op 11 juli kreeg hij 119 verjaardagsfelicitaties. Op 25 juli nog eens 105 (bijna de helft van mensen die hem twee weken eerder ook van harte hadden gefeliciteerd). En drie dagen later, toen hij weer zogenaamd jarig was, kreeg hij nog eens 71 felicitaties. In totaal zestien vrienden hadden hem drie keer nietsvermoedend van harte gefeliciteerd.

Verjaardagen zijn speciale gelegenheden waarop je beste vrienden je kunnen laten weten dat ze je eigenlijk niet kennen.

Je bent niet speciaal: dat was ook de boodschap van de verjaardagskaart van Hi. Juist op een dag dat ik de druk voelde om speciaal te zijn, was die boodschap bevrijdend. Daarom koester ik dit kaartje, als van een goede vriend.

Het buikwegshirt

Wie zichzelf goed kent, heeft al veel gewonnen in het leven. Maar jezelf leren kennen is een moeizame onderneming. Dit verhaal gaat over een korter weggetje dat ik meende te hebben gevonden om zonder een centje pijn aan de top van de berg te komen.

Op een dag zat ik achter het scherm te kijken naar de berichtjes van mijn vrienden op Facebook. Mijn blik moet op een gegeven moment afgedwaald zijn naar rechtsboven, waar een advertentietje stond met een plaatje van twee keer dezelfde man: de ene keer met een buikje, de andere keer zonder.

'Buikwegshirt,' stond er. '100 procent resultaat voor het verkrijgen van een strak en goed ogend buikje.'

Reclame, dacht ik altijd, wijst je op oplossingen voor problemen die je niet had. Maar deze persoonlijke advertentie op Facebook trof me met een overrompelende timing en precisie. Ik klikte, en werd weggevoerd naar buikweg.nu.

Daar las ik over een wonderlijk shirt dat dankzij ingenieuze elastiekbanden je buik kon omtoveren tot een strak wasbordje. 'Direct slanker zonder moeite! Nu tijdelijk slechts 39,95.'

Ik las referenties van tevreden gebruikers. Alex schreef: 'Ik kreeg zoveel meer aandacht in de club – bizar gewoon!' En Thijs: 'Eerst twijfelde ik, maar ik kom nu een stuk langer en zelfverzekerder over. Ik voel me top!'

Op internet geef je met elke muisklik een stukje prijs van jezelf. En ergens op een server krijgen al die clicks een turfje. Op

basis van al die tienduizenden hits, berekent het algoritme wie je bent. Internetten is als het eindeloos invullen van een uiterst gedetailleerde enquête over jezelf.

Vroeger was reclame een schot hagel. Spam. Maar nu heb je scherpschutters. Zij weten beter dan jijzelf wat je problemen zijn. Ze bieden oplossingen op maat. Personalisatie, heet dat.

Dit systeem is van een mathematische schoonheid. De precisiereclame op Facebook kent jouw hunkeringen beter dan jijzelf, en kan advertenties afstemmen op, bijvoorbeeld, mannen van begin dertig die van Plato houden, een kat hebben genaamd Amy, in de Baarsjes in Amsterdam wonen, *The Economist* lezen en drie uur geleden naar de Bach-cantate 'Ich habe genug' luisterden op Spotify.

Wel vaker was ik door reclame gewezen op de mogelijkheid van strakke buikjes – het is een fabel dat alleen vrouwen op billboards en in commercials als lustobject worden afgebeeld –, maar die beelden hadden bij mij nooit een blijvende indruk gemaakt, omdat ze niet speciaal op mij waren afgestemd. Ik voelde mij nooit aangesproken.

Maar deze specifieke advertentie trof mij als de wenk van een beste vriend. En als je beste vriend je heel discreet attendeert op het Buikwegshirt, wie ben jij dan om te weigeren? Je moet zoiets op zijn minst een kans geven. Dus plaatste ik op buikweg.nu een bestelling: 1 x een Buikweg MAX 3D shirt (L Zwart).

En terwijl ik wachtte, begon ik een experiment. Want als het inderdaad zo was dat Facebook meer over mij wist dan ik over mijzelf, bedacht ik, dan zou ik daar nog veel meer voordeel mee kunnen doen. Als ik immers reclame kreeg die exact op mij was gebaseerd, dan zou ik mijzelf kunnen leren kennen via die reclame. Ik hoefde alleen maar naar rechtsboven te kijken. Daar stonden mijn drijfveren en roerselen, mijn sluimerende voorliefdes. Daar en alleen daar was ik mijzelf, zonder zelfcensuur of pose.

Ik begon de dagen die volgden al mijn privéadvertenties te lezen als een eerlijk dagboek. En ik besloot, bij wijze van proef, op alles ja te zeggen, zolang dat niet direct grote gevolgen had en niet al te veel zou kosten.

Ja tegen Delicious Spices, de drie nieuwe theesmaken van Pickwick.

Ja tegen GRATIS AUTOMAGNETEN van Vistaprint.

Ja tegen zelf cupcakes maken met recepten van Rudolph van Veen.

Ja op alles.

Ik las 'speel!' – en ik speelde.

'Proef!' – en ik proefde.

'Test!' – en ik testte.

In mijn mailbox begonnen berichtjes binnen te druppelen vanaf allerlei noreply@-adressen. 'Welkom bij het Handelsplatform van Plus500'. En even later was ik met een gratis bonusrekening diep verwikkeld in de derivatenhandel op een internetbeurs en ging ik short op goud, koffie, TomTom, tarwe en First Solar.

Ik deed testjes, speelde games, vroeg proefmonsters aan. En ik kwam steeds dichter bij mijzelf. Het aanbod was soms frappant raak: 'Arjen, ben jij de nieuwe held van Rome?' vroeg gameforge.org. Hoe wist Facebook dat ik Latijn en Grieks had gestudeerd?

'ELEKTRONISCHE SIGARET NIET VAN ECHT TE ONDERSCHEIDEN! TOPSELLER!!!!' vertelde stoprokenshop.nl mij. Toeval dat ik net wilde stoppen?

Al doende groeide mijn vertrouwen in het systeem.

Mijn experiment liep een paar dagen toen rechtsboven in het scherm het hoofd van televisiepresentator Leo Blokhuis verscheen. Ik hou niet bijzonder veel van popmuziek, maar deze man kende ik wel: dit was de man die weet dat muziek om weetjes draait.

'Ben jij de koning van de muziekvragen?' vroeg hij me grijnzend. Ik negeerde de advertentie. Dit moest een misverstand zijn.

Maar de volgende dag was hij er weer. 'Ben jij de nieuwe winnaar van de Top 2000 Quiz, Arjen?'

En nog een dag later: 'Verslaafd aan muziek?'

Ook precisiebombardementen, redeneerde ik, missen soms hun doel. Ik dacht aan de cadeaus die je krijgt op je verjaardag: zitten daar niet soms ook missers bij?

Ik zette mijn experiment voort.

'Arjen, is de nieuwe Audi A1 helemaal voor jou gemaakt?'

Audi vroeg vriendelijk of hij gebruik mocht maken van mijn gegevens. Ik stemde toe. Dus zoog Audi al mijn data, mijn vrienden en mijn foto's op. En vervolgens kreeg ik een filmpje te zien waarin ikzelf achter het stuur zat van een Audi, terwijl mijn beste vrienden jaloers toekeken.

Dat zag er best goed uit. Natuurlijk had ik het geld niet voor een Audi. Maar kijken kon altijd, toch? Het werd bovendien tijd om de hypothese te toetsen aan de werkelijkheid. Dus ik ging naar het Audi Centrum in Amsterdam-Zuidoost, langs de A2, hoewel ik eigenlijk geen idee had wat ik daar moest vragen over dit model Audi. Zitten de vier wielen bij de prijs inbegrepen? Kan ik hier pinnen?

De verkoper begon maar een klein hoorcollege over alle typen velgensets die ik kon kiezen. Daarmee zou ik mijn Audi kunnen 'personaliseren': helemaal kunnen afstemmen op mijn persoonlijkheid.

Het kleine wonder voltrok zich toen ik plaatsnam achter het stuur van de auto die ik al die tijd, blijkbaar zonder het zelf te weten, hartstochtelijk had begeerd: de Audi A1 in misanorood pareleffect met ijszilver metallic dakbogen en gegoten lichtmetalen velgen in 5-v-spaak design.

Ik werd verliefd. Hoewel ik er geen geld voor had, was de Audi

helemaal voor mij gemaakt. Ik was Assepoester en dit was het glazen muiltje.
In de glimmende autobrochure las ik de woorden die mijn gevoel exact weergaven:
Je ogen twinkelen.
Je gevoel zegt ja.
Je verstand zegt ja.
Je kunt een lach niet onderdrukken.
En je hart klopt iets sneller.
Het is allemaal zo duidelijk.

'Audi!?' zei een goede vriend die avond. Hij keek vies. 'Echt een foute wagen. Patserbak. Wat BMW vroeger was.'
Let op: dit was een van de vrienden die zonder het zelf te weten nog figurant was geweest in dat Audi-filmpje.
Naar wie moest ik nu luisteren? Naar hem? Naar Facebook?
Toen ik die avond weer achter mijn scherm zat, verscheen Audi niet meer. Ik zag nu een lachend stel, een stoere man naast een blonde vrouw. Of ik drie maanden gratis wilde daten op relatie.nl. 'Alleen relevante matchresultaten.'
Maar ik had toch een relatie? Of wilde dit zeggen... Wat wilde dit zeggen?
Voor ik dat kon vragen verdween de advertentie en verscheen er een Aziatische man met ontbloot bovenlijf.
'Power Pump is voor mannen die serieus zijn over gespierd worden,' zei hij. 'Het Beste Spieropbouw Supplement, met Advanced 3X, L-Arginine Stikstofoxide Booster Perpetual Pump. Krijg Explosieve Aanwinst aan Kracht. Verhoogt Seksuele Drive en Prestatie.'
Was het algoritme op hol geslagen? Of toonde het nu pas echt wie ik was, nu het doorkreeg dat ik reageerde?
Ik klikte en klikte en klikte op mijn hoogstpersoonlijke advertenties. Ik ververste steeds het scherm, in de hoop terug te keren bij de man van begin dertig die *The Economist* las en Pickwick-

thee dronk. Maar ik werd meegevoerd in een draaikolk, een eeuwige loop van spierversterkers, datingsites en Super P-Force, de nieuwe supersterke pil voor erectiestoornissen (WERKT ALS VIAGRA EN VOORKOMT VROEGTIJDIGE EJACULATIE!), met tussendoor steeds het grijnzende smoelwerk van Leo Blokhuis – 'zeker de koning van de muziekvragen, hè, Arjen, verslaafd aan muziek, hè, Arjen?'

Aan het eind van de week kwam de discrete envelop. Het Buikweg MAX 3D shirt (L Zwart) was gearriveerd. Het wondershirt bleek een soort wife-beaterhemdje, maar dan met een elastieken korset. Een mannelijke pendant van de push-upbeha.

Ik wurmde mij in het shirt zoals je je lijf wurmt in een te kleine wetsuit. Toen ik het ding aanhad, kon ik me alleen nog als een robot bewegen. En als ik vooroverboog, moest ik oppassen dat mijn lijf door de elastische spanning niet als een muizenval dichtklapte. Ik kon nauwelijks ademhalen en het kriebelde.

Ik keek in de spiegel. Mijn buikje was inderdaad weg – maar dan zoals je buik weg is als er een olifant op staat. Dit was ik volgens Facebook: dertiger in een veel te klein hemdje.

De volgende dag had ik rugpijn, en mijn buikje was terug.

Terwijl ik dit schrijf is er een proefpakketje Kamagra onderweg – 'de enige echte Viagra-kopie'. Het experiment loopt dus nog, je moet zoiets even de tijd geven.

Ik twijfel op zich niet aan de wiskunde. Maar ergens moet er een bug in het systeem zitten, een programmeerfout. Er zijn twee mogelijkheden: ofwel Facebook wil mij helemaal niet leren kennen, het netwerk is gewoon een wereldwijde zwendel, een slimme operatie om ordinaire spam te camoufleren als gepersonaliseerde advertenties. Ofwel een mens is vooralsnog te ingewikkeld voor algoritmes.

Mijn geloof in kortere weggetjes heb ik intussen opgeschort, zowel wat betreft buikjes als zelfinzicht.

De designvibrator

'Moet je eens ruiken.' De verkoper van een seksshop aan de Warmoesstraat overhandigt me een plastic vibrator: een paarse imitatiepenis van ruim twintig centimeter, met een clitorisstimulator in de vorm van een konijntje.

'Pearlescent Rabbit' staat erop. De verpakking is aan een kant geopend. Ik ruik.

De geur van goedkope Chinese stuiterballen.

'Dat stinkt, hè?' zegt hij, 'alsof je een blik verf opentrekt.' Dat komt door de weekmakers, de stoffen die het plastic soepel maken: 'In een bierkrat mogen ze niet meer, maar in vibrators nog altijd wel.'

Hij hangt de Rabbit terug op een rek in een verdekt hoekje van zijn winkel. Hij is weliswaar gewoon te koop, maar hangt er vooral om klanten het verschil te laten zien met zijn eigenlijke assortiment: de moderne, siliconen designvibrators.

Ik ben hier slechts op bezoek, ik onderzoek de rol van design in ons leven. En de vibrator is een bijzonder veelzeggende casus.

De geschiedenis van dit trilding is de geschiedenis van camouflage. De eerste vibrator voor privégebruik, de Vibratile uit 1899, werd verkocht als een medisch apparaat, schrijft seksuoloog Mels van Driel in zijn studie *Met de Hand*. Die medische vermomming zie je ook in een advertentie in *The New York Times* uit 1913 voor de White Cross Electric Vibrator: het voorwerp wordt aangeprezen als hét middel tegen onder meer buikpijn, roos en reuma. Geen woord over andere toepassingen.

Zelfs in een canonieke *Sex and the City*-episode wordt nog besmuikt gesproken over de vibrator. De preutse Charlotte wil er eerst niets van weten, maar zodra ze er eentje ziet, is ze op slag verliefd: 'Ow, it's so cúte! I thought it would be all scary and weird, but it isn't! It's pink! For girls! O, I love the little bunny...'

Dat was 1998. Inmiddels verkoopt ook Etos seksspeeltjes. Al jaren verkondigen de bladen het einde van het taboe. Is dat nu eindelijk werkelijkheid? In de designvibratorwinkel lijkt het op het eerste gezicht alsof de speeltjes inderdaad even alledaags zijn geworden als een mobieltje.

Zoals een mobieltje van twintig jaar oud niet lijkt op die van nu, zo evolueerde ook de vibrator. De intimiderende, geaderde plastic fallussen maakten plaats voor fijnzinnige siliconen versies: sieraden bijna, in ei- of auberginevorm. Ze stinken niet langer naar Chinees plastic. Hun design is Dove-achtig zacht, hun behuizing vol fluisterstil technologisch wonderwerk. Tarzan kreeg meisjesnamen: Lelo Liv, Womolia of Minna Ola.

Nana, zo heet de winkel – naar een roman van de naturalistische schrijver Émile Zola. De seksshop zit hier al decennia. Zoals de Warmoesstraat zelf veranderde, veranderde deze winkel ook. Na een verbouwing in 2010 werd de zaak licht en open. De muren zijn wit. De porno-dvd's verdwenen. Geen grillige jungle van fallussen meer, zoals je nog wel ziet in seksshops even verder op de Wallen.

Als decoratie zie je hier verse bloemen en gedroogde lampionplantjes, alsof je in de Rituals bent. Op de toonbank ligt een exemplaar van de erotische bestseller *Vijftig tinten grijs*, met paperclips als bladwijzer bij relevante scènes. Een zeer beperkt assortiment van designvibrators staat uitgestald op standaarden van plexiglas, met spotjes erop. Geen zwart of rood meer, maar wit, veel wit.

Dit lijkt geen seksshop, eerder een Apple-store (het zusterfiliaal, de HEAVEN07 in Utrecht, is zelfs toevallig gehuisvest tegenover een Apple-winkel, in een gewone winkelstraat). Je kunt hier ook de workshop 'Design your Sexlife' volgen, onder het genot van prosecco, in een 'superrelaxte sfeer', volgens de website. Het bestverkochte model is de Lelo Liv. Een relatief klein, aaibaar model, in roze en groen, voor 89 euro.

Net als bij Apple draait het bij de nieuwe generatie erotica om design. Het merk Minna, bijvoorbeeld, biedt intuïtieve speeltjes, met traploze bediening, fraai weggewerkt achter zachte drukkussentjes. Emotional Bliss verkoopt stimulatoren met 'vrouwvriendelijke vormgeving' en Lelo heeft de SENSEMOTION™-techniek, met bewegingssensoren als in de iPhone of Wii. Er zijn ook vibrators die je met je iPhone bestuurt, al is de hype daar al wat af.

Maar deze Apple-store voor *sex toys* – een zone waar een vrouw veilig kan winkelen – is ook een bewijs dat het taboe nog steeds bestaat. Anders zou je wel in om het even welke supermarkt terechtkunnen. Zodra je de winkel weer uit stapt, merk je dat de vibrator nog lang geen mobieltje is.

Misschien is het taboe nog even krachtig als vroeger, maar zijn slechts de camouflagetechnieken veranderd. Kijk naar de noemer waaronder ze worden verkocht: 'lifestyle-producten', 'bedroom accessories', 'pleasure objects', 'bijoux indiscrets' of 'intimiteitsproducten' – zelden worden seksspeeltjes aangeprezen als seksspeeltjes.

Het bedrijf Philips verkocht zijn sensual massagers zelfs als relationship care. Philips prees de heilzame, medisch bewezen werking ervan, bijna even omfloerst als een eeuw eerder. Ze zagen er ook niet uit als seksspeeltje, vertelde toenmalig Philipstopman Gerard Kleisterlee trots in een interview met *Der Spiegel*: 'Je kunt ze ergens laten liggen zonder je te schamen.'

Charlotte uit *Sex and the City* durfde pas een vibrator te kopen toen ze zag dat die op een schattig konijntje leek ('Ow, it's so cúte!'). Nog steeds worden moderne vibrators vermomd. Sterker: ze worden meer dan ooit vermomd. Lelo verkoopt er een in de vorm van een lippenstiftdoosje. Ze zijn er ook als appel – discreet.

Onze preutsheid neemt eerder toe. Hoewel het mannelijk geslachtsorgaan de afgelopen decennia hetzelfde bleef, gingen de mechaniekjes die hem proberen te imiteren juist steeds mínder op hem lijken. De relatief realistische, geaderde fallus werd een chic designei.

Design maakt gebruiksvoorwerpen abstracter. Het vervormd gebruiksvoorwerpen tot ze onherkenbaar zijn, het maakt de gewone dingen in je huis of je keuken tot kunst. Design dwingt het concrete om zich terug te trekken, jaagt naturalisme weg.

Design als versluiering: dat zie je het beste aan de vibrator, die steeds verder vervreemdt van dat wat het tracht te vervangen.

De mannenhak

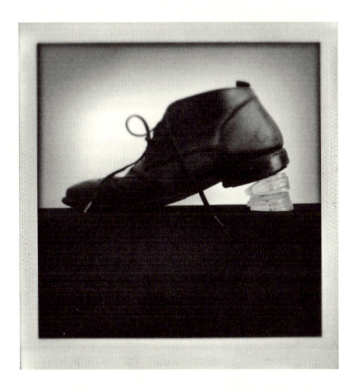

Het is een ontnuchterende gewaarwording dat ieder mens de wereld vanuit een ander perspectief bekijkt. Ik bedoel dat letterlijk: ieder heeft zijn eigen oogpunt, dat vooral afhangt van hoe lang je bent. Het is alsof de een de werkelijkheid beziet vanuit een SUV, de ander vanuit een ligfiets. We leven samen in dezelfde wereld, maar allemaal zien we alles anders. In supermarkten valt ons oog op andere schappen. In metro's en in menigten spotten wij andere mensen. En zelfs dezelfde mensen bezien wij vanuit een nét iets andere hoek.

De gevolgen hiervan zijn groot. Want een ander gezichtspunt geeft ook een ander standpunt. Als wij elkaar willen begrijpen, moeten we allereerst inzien dat onze ogen op andere hoogten zitten. Niet voor niets hurken volwassenen als ze hun kinderen willen snappen. En niet voor niets willen kinderen op de nek van hun ouders zitten (of op stelten of klossen lopen, of op dingen klimmen): pas op die hoogte krijgen ze een glimp van de wereld der grote mensen. Zelfs een lengteverschil van enkele centimeters kan een immens effect hebben, dat weet eenieder die wel eens op hakken liep.

Lengteverschil schept onbegrip. Het was dus vanuit een gedachte aan harmonie, dat ik een bezoek bracht aan de website langerworden.nl, waar je langer kunt worden (tot wel 7 centimeter). Mijn eigen blik op de werkelijkheid wordt bepaald door de 1,77 meter die de natuur mij toebedeelde. Dat is zo'n vijf centimeter korter dan de gemiddelde Nederlandse man. Ik kijk dus op weinig mensen neer, en was wel eens benieuwd naar andere perspectieven.

Vroeger was je lengte een onwrikbaar lot. Je werd geboren, je groeide wat, tot het groeien stopte: hier moest je het mee doen. Die berusting is tegenwoordig onnodig. De wereld is maakbaar, de mens kan zichzelf verstellen. Er is rek. We zijn elastisch. Er zijn middeltjes om te groeien. En de meest elegante en goedkope oplossing vond ik in onlinewinkeltjes: inlegzolen van siliconen die je hiel optillen. Hiellifts.

'Herdefinieer jezelf' is de slogan van mijnstupps.nl, een van de winkeltjes die zulke verlengende inlegzolen verkoopt. Ik lees: 'STUPPS is opgericht door 2 vrienden uit Hollywood, vanuit de simpele overtuiging dat we een realistische benadering op een steeds onrealistischer wordende wereld moeten nemen. In de echte wereld proberen we constant de realiteit te misleiden – we bellen meer dan we ons kunnen veroorloven, we winkelen alsof het geld nooit van onze bankrekening wordt afgeschreven, we willen dat onze vrienden ons cool vinden, we willen vooral dat de dames ons cool vinden, we willen die begeerde baan waarvan we vinden dat we die verdienen. De lijst gaat maar door. [...] Bij Stupps hebben we één gedachte: Waarom voegen wij niet iets extra's toe aan ons spel? Als dit de realiteit is, laten we die dan leven! [...] Dat gezegd hebbende, draait Stupps om één ding: Zelfvertrouwen.' [...] 'Als je een sollicitatiegesprek doet, een auditie voor je volgende rol speelt of een club in loopt en genoeglijk de menigte scant, is het gevoel dat je krijgt moeilijk te beschrijven; ik ben niet meer middelmatig!'

En op langerworden.nl lees ik:

'Als u groene ogen heeft en u wilt blauwe dan neemt u kleurlenzen, en voor de mensen die wat langer willen zijn, zijn er nu de speciaal ontwikkelde verhogende hiellifts,' lees ik op Langere mensen krijgen meer respect, vervolgt de site. 'Dit is natuurlijk erg oppervlakkig en geen juiste beoordeling van iemands karakter en inhoud. Desondanks blijft het een belangrijke factor in het bepalen van iemands sociale status, vooral bij mannen.'

Precies. Waarom zou je jouw eigen lijf niet een beetje *tweaken*? Nu langer zijn tot de mogelijkheden behoort, is kort zijn een keuze.

Mijn schoenmaker vond het onzin. 'Dat werkt niet,' zei ze nadat ik haar verteld had over de webwinkeltjes en de siliconen hiellift. 'Dan gaat je voet uit de schoen staan.' Ze deed het voor met een damesschoen: je hiel komt zo hoog, dat je uit je schoen glipt.

Ik negeerde haar advies. Nieuwsgierigheid won het. Want dit experiment was interessant: zelfs als het maar één centimeter scheelde, zou mijn perspectief al kantelen en was die 24,95 euro goed besteed. En wellicht als bonus: eerder geholpen worden bij de bakker; minder mensen die tegen je op botsen; bij een concert het concert ook kunnen zien.

Onder mannen is de wens om langer te zijn een curieus taboe. We praten er niet over, onderling. Bij vrouwen is dat anders. Zij vinden het normaal om zichzelf tijdelijk tien centimeter langer te laten lijken. Niemand stelt vragen als een vrouw haar schoen ophoogt met een blokje of stokje, opdat welvingen beter uitkomen. Dat gebeurt openlijk. Louboutins zijn een statussymbool. Maar bij mannen moet dit sneaky.

Ooit gaven hakken ook mannen status. De Zonnekoning Louis XIV, bijvoorbeeld, droeg de mannenhak met trots – en al zijn volgelingen deden hem uiteraard na. Praktisch was die hak niet (net zoals de moderne naaldhak niet praktisch is), maar juist dat onpraktische verleende je aanzien: je stond letterlijk en figuurlijk boven het gepeupel met hun handige werkschoenen.

Nog steeds dragen mannelijke machthebbers hakken, maar die verstoppen ze nu. Het taboe is zo sterk dat ook de machtigen der aarde, de Berlusconi's en de Sarkozy's, stiekem speciale schoentjes moeten dragen, die wat extra centimeters geven.

Onder je vrienden en collega's zullen er vast ook mannen met verborgen hakken zijn. Treurig: waarom hechten we zo veel waarde aan lengte dat we die speciaal vermelden in paspoorten en op datingprofielen? Het zal vast iets evolutionairs zijn, dat op de savanne de vrouw een man wilde als een boom om in te klimmen zodra er een sabeltandtijger passeerde. Maar nu de tijgers weg zijn, wil ze nog steeds zo'n boom, geen bonsai. Tragisch: talloze perfecte matches lopen stuk op lengte. Je bent voor elkaar geschapen, je houdt allebei van onderwaterhockey, maar er is die onoverbrugbare kloof van vier centimeter.

Wie lang wil zijn, is aangewezen op duistere sites, waar ze ook producten verkopen als de SmartMouth Mondspoeling of de SnoreStopper™ met Biofeedback.

Mijn hiellifts arriveerden al twee dagen na bestelling.

Ze bleken te bestaan uit vijf losse laagjes. Je kon zelf kiezen hoeveel laagjes je wilde stapelen, dus hoe lang je precies wilde worden. 'Als u niet te opvallend langer wilt worden kunt U om de paar dagen een laag toevoegen,' stond in de handleiding.

Ik legde het hele zaakje in een keer in mijn schoen.

De siliconen kussentjes voelden aan alsof je met je hiel op een dood kikkertje staat. Het veerde als je liep. Bij iedere stap voelde je de angst om uit je schoen te floepen en dat iedereen dan zag waar je eigenlijk mee bezig was.

Maar inderdaad: ik was wel iets langer. Op de eerste vrijdagavond flaneerde ik heel voorzichtig naar het café waar ik had afgesproken met een goede vriend. Hij bemerkte niets. Zelfs niet toen ik het vroeg.

Ander kapsel? Nee.

Andere bril dan? Nee, nee.

Ook de barman zag niets geks. Het kwartje viel pas toen ik hen deelde in het geheim uit Hollywood.

'Maar je blijft een klein dikkerdje,' zei de barman. 'Je had twaalf centimeter moeten nemen.'

Lengte is psychisch, ongetwijfeld. Lengte is goeddeels charisma. Kikkertjes in je hak ondermijnen juist datgene wat je zoekt: zelfvertrouwen. Thuis, waar niemand mij op mijn lengte beoordeelde, deed ik de zooltjes weer uit.

De grond onder mijn voeten voelde weer gewoon aan, zoals de aarde gewoon voelt na afloop van het schaatsen: steviger – maar ook iets saaier.

Het experiment was niet geheel zonder resultaat. Gedurende de enkele uren dat ik 1.83 meter was geweest, hadden anderen misschien weinig verschil gezien, maar zelf had ik wel even de wereld vanuit een hoger oogpunt gadegeslagen.

Wellicht dat zoiets voor vrouwen niets nieuws is: zij dragen vaker hakken van verschillende lengtes. Als zij zich inderdaad beter kunnen verplaatsen in anderen, zoals je wel eens hoort, dan komt dat wellicht simpelweg door het feit dat ze meer dan mannen bekend zijn met wisselende perspectieven. Voor mij was zoiets nieuw.

In *Ulysses* van James Joyce is een van de hoofdpersonen op een gegeven moment aan het nadenken over het perspectief van zijn kat. Hoe lang zou ik voor die kat wel niet zijn? Vermoedelijk, denkt hij dan, ben ik voor de kat zo hoog als een toren dat voor mij is. Maar meteen verwerpt hij die gedachte weer. Want: de kat kan op mij springen. En ik niet op een toren.

Een kat die op een toren was gesprongen: zo voelde ik me gedurende mijn experiment. Heel even was ik losgebroken uit de moderne standenmaatschappij, uit de kaste van de mij puur door geboorte toebedeelde lengte. Alleen al proeven aan die mogelijkheid, hoe potsierlijk die proeverij ook moge zijn, heeft voor altijd mijn perspectief veranderd.

Dat gun ik u allen.

Maar mijn uiteindelijke droom is anders: ik droom dat ooit iedereen op gelijke hoogte staat. Dat er voor allen een *level playing field* is. Want er zal pas vrede komen, als we allemaal precies hetzelfde zien, als we elkaar recht in de ogen kunnen kijken, als niemand op zijn tenen loopt. Laten we nivelleren, naar elkaar toe groeien: de een op hoge hakken, de ander op platte gympies, en daarna zien we wel.

DNA-spray

In de straat waar ik boodschappen doe verschenen op een dag waarschuwingsborden met daarop een rennend mannetje en de tekst: 'Winkels beveiligd met DNA-spray'.

DNA-spray is bedacht door een heel pienter bedrijfje. Het systeem bestaat uit een sprinklerinstallatie boven een winkelingang. Bij een overval drukt de winkelier op een knop. Als de overvaller dan wegrent, krijgt hij een douche met uniek, onzichtbaar DNA-materiaal. Als die crimineel dan gepakt wordt door de politie, en de politie vervolgens met een uv-lamp op de verdachte schijnt, wordt het spul zichtbaar, waarna uiteindelijk via laboratoriumonderzoek kan worden aangetoond dat de betreffende persoon in die ene winkel is geweest – wat nog niet bewijst dat hij de dader is, want hij kon ook gewoon een klant zijn die daar toevallig was.

Dat lijkt een nogal omslachtig systeem. Waarom zou de overvaller bang zijn voor een onzichtbare spray?

Hier komt onze onnozelheid om de hoek kijken. Het briljante van het systeem zit in het imago van DNA. Want DNA, dat klinkt spannend. Dat doet denken aan *Crime Scene Investigation*. Of aan roemruchte moordzaken en krantenkoppen ('DNA-onderzoek leidt naar verdachte').

Bovendien: bespoten worden met een onzichtbaar chemisch goedje lijkt al helemaal eng – alles wat onzichtbaar is, vinden we nu eenmaal verontrustend, denk aan straling.

DNA-spray lijkt dus een heus chemisch wapen, een biologische beveiliging. Een crimineel bedenkt zich wel drie keer. En de politie is tevreden, want zeg nu zelf: zo'n bord ziet er stoer uit.

Als het systeem werkt, werkt het dus preventief. Al die borden zeggen eigenlijk: 'Pas op voor de hond!' (terwijl achter de voordeur een verstrooide chihuahua zit). Door die borden kiest de overvaller een andere wijk. En de bewoners zijn blij: kennelijk zitten de politie en de politiek erbovenop. Ze gebruiken zelfs DNA-spray!

Lachende derde is het bedrijfje dat zulke dingen verkoopt aan politie en winkeliers.

Er wordt wel eens geklaagd dat mensen geen ontzag meer hebben voor de wetenschap, maar het omgekeerde is waar, ben ik bang: mensen zijn juist veel te bang voor wetenschap, voor dingen die we niet begrijpen. Die DNA-borden maken handig gebruik van ons gebrek aan kennis.

Ze zijn niet de enige. Ruim tien jaar geleden werd het menselijk genoom voor het eerst in kaart gebracht. Dat haalde het journaal. Sindsdien hebben de genwetenschappers hun verwachtingen flink moeten bijstellen. Maar intussen zei het grote publiek niet langer 'het zit in mijn bloed', maar 'het zit in mijn genen'. Of: 'anticiperen zit in het DNA van ons bedrijf.' En warempel, ook de schoonheidsindustrie haakte in op de genoomrevolutie (die dus nog geen revolutie is).

'EEN NIEUW COSMETICATIJDPERK GEÏNSPIREERD DOOR GENWETENSCHAP: 10 JAAR ONDERZOEK EN 3 PATENTEN,' aldus L'Oréal Paris, dat beweert de 'code van een jeugdige huid' eindelijk te hebben gekraakt. Dat geheim bevindt zich namelijk 'in de genen'. Dus heb je nu potjes Youth Code, met 'Luminosity Extraordinary Serum' en 'gepatenteerde Pro-Gen™ technologie'. Klinkt indrukwekkend.

Ook de laboratoria van concurrent Lancôme hebben het raadsel van een jeugdige huid trouwens ontcijferd: dat blijkt te bestaan uit een code opgeslagen in de genen, in de kern van elke cel. Dus vind je nu bij de drogist een potje Génifique Youth Activator.

Zoals je boeven verjaagt met het woordje DNA, zo vang je klanten met Pro-Gen™ of Génifique. Als het gezag van wetenschap tanende is, dan niet op de verpakkingen van huidcrèmes en shampoos. Of kijk naar de verkopers van Clinique in de Bijenkorf: ze dragen witte jassen, alsof ze wetenschappers zijn.

Hoe meer we niet snappen, hoe meer we geloven. Op de website van L'Oréal Nederland staat zelfs een verklarende woordenlijst, waarin alles wordt uitgelegd aan ons, onnozelaars. Echte termen staan er naast verzinsels of halve verzinsels, lipiden staan er naast 'oligo-proteïnes', 'parelproteïne' en 'sélénium s actif'.

Vroeger, toen we nog dom waren, hadden we een diep ontzag voor Latijn, de taal van de katholieke kerk. Alleen de priesters spraken deze taal. En wij luisterden bedeesd naar hocus pocus. Nu we slim zijn, laten we ons overtuigen door een mengelmoesje vol 'micro-bolletjes', 'rijstextract en betaïne', of 'glamourglans met glansextracten'. Door imponerende namen als L'Oréal Men Expert Vita Lift Hydraterende Gezichtscrème Anti-Veroudering met Pro-Retinol en Par-Elastyl. We hebben meer ontzag voor water als dat 'aqua' heet op de verpakking.

Hoe slimmer de wereld wordt, hoe meer ontzag er is voor alles wat we niet begrijpen – of we nu crimineel zijn of een eerzaam burger met een vermoeide huid.

Q

Er wordt ontzettend veel gestolen tegenwoordig. Ik zal een concreet voorbeeld geven: de letter q. Dat is de meest gestolen letter.

Eerst een quizvraag: hoe schrijf je de letter q? Ik bedoel niet in blokletters, dat is makkelijk, maar aan elkaar geschreven, in basisschoolschrift?

Heel goed. Zo moet dat.

Zelf moest ik er eerst even over denken. Het was een blinde vlek in mijn geheugen. Kwam die letter eigenlijk wel aan bod op de basisschool?

Boom, roos, vis, quantumsprong? 1, 2, 3, quadriljoen? Zoiets herinner ik me niet. Misschien dat mijn juf de letter gewoon oversloeg. Een juf moet prioriteiten stellen. Want hoeveel woorden hebben er nu een q? Meester, hoe schrijf je quadrupelfuga? Nee, een kind kan prima zonder q. Ik zou dit hele boek kunnen schrijven zonder q, op dit stuk na. Een q lijkt niets anders dan een kokette k. Niet voor niets zit ie op het qwerty-toetsenbord weggestopt in het hoekje linksboven. Het is de onbekende snuiter op de groepsfoto. De spek-en-bonentoets.

Dat vonden de oude Grieken trouwens ook. Ze erfden de q via de Feniciërs, maar ze hadden eigenlijk de k al. De q was dus dubbelop en mocht rustig uit het abc worden geliquideerd. Toen kwamen de Romeinen. Dat waren boeren die chique wilden doen. En ze hadden geen k. Dus strooiden ze gul met q's. Dat oogde zo eloquent. 'Quadrupedante putrem sonitu quatit ungula campum,' schreef Vergilius bijvoorbeeld. Hij bedoelde gewoon: paarden in galop. Latijn was de belle epoque van de q.

Dankzij die Romeinen hebben ook wij nog een restantje q-woorden. Niet veel: anderhalve bladzij in de Van Dale. Het gaat om woorden die alleen bestaansrecht hebben in scrabble of Wordfeud. *Quantité négligable,* zeg maar.

Als de q dan zo'n nutteloos aanhangsel is, waarom schrappen we hem niet? Die vraag wordt vaak gesteld. Bijvoorbeeld door de Facebook-actiegroep '1 Million People Against The Use Of The Letter Q'. Maar die groep heeft slechts 25 leden. En er is ook nog nooit een Kamermeerderheid geweest voor het afschaffen van de q.

Kennelijk is deze nutteloze letter ons toch dierbaar. Misschien juist omdat het zo'n overtollige letter is. De q is er voor de sier. 't Is een pretletter met privileges. Juist dat verleent hem zijn charme.

De q is een dandy. Een kunstenaar. In een alfabet vol werkpaarden is alleen de q vrijgesteld van arbeid. Hij voert vrijwel geen flikker uit. Zit daar maar mooi te wezen, linksboven.

Kijk 'm daar nou zitten, heel wuft, als een pedante raskat met z'n staartje. Of is het een tong die hij uitsteekt? De q staat symbool voor het feit dat niet alles in het leven nuttig en efficiënt hoeft te zijn. Idealiter verschijnt de q alleen in dure woorden. Roquefort. Turquoise. Quid pro quo. Zo blijft de q koket. Als hij overal zou opduiken, zou ie saai worden, banaal. Gewoon een o met een piemeltje. Of een o die een peukie rookt. Maar dandy's en kunstenaars hebben het vaak zwaar. Ook de q. Die is gekaapt door allerlei kitsch en quatsch.

Sommige mensen menen bijvoorbeeld dat een kroket exquise wordt zodra je die croquet noemt. Of dat pulpboekjes verfijnd lijken onder de naam Bouquet Reeks.

Dat is nog tot daaraan toe. Maar wat echt naar is om te zien, is dat de dandy in de moderne tijd slavenarbeid moet verrichten in diverse geregistreerde merken.

Zoals Marqt (een supermarkt voor mensen met superveel geld). Of TinQ (een tankstation). Of Mensenlinq.nl (een online platform voor overlijdensberichten).

Vermoedelijk begon deze q-ficering in België. Daar kreeg je in de jaren zeventig de Quick – een fastfoodketen. Wat de M was voor McDonald's, werd de Q voor Quick. De trotse romeinse letter moest opeens friet aanprijzen.

Een paar jaar later, in 2001, kreeg je in België het radiostation Q-music, dat ook bij ons bekend is van de slogan: 'Q is good for you'. Maar wat betekent die q? En waarom is ie goed voor ons?

'Q-music staat voor Lust for Life,' aldus het bedrijfsprofiel op de Q-musicsite. 'Het station is actief, dynamisch, positief en benadert alles met een glimlach. Q-music is Verrassend. [...] En tot slot is Q-music Echt.'

Da's mooi. Maar waarom dan die Q? Staat die soms voor Quality? Nee, zegt de site, en er is ook geen 'andere betekenis'. De naam is gekozen omdat het 'pakkend is, leuk klinkt en lekker in de mond ligt'.

De q bekt lekker, de q doet iets met je, maar verder betekent hij helemaal niets. Ideale reclameletter.

Kijk ook naar de opmars van bedrijfsnamen met een q in plaats van een k. Zoals, een willekeurig voorbeeld, computerservicebedrijf QUICKLINQ. Waarom die q? Een eigenlijke reden is er niet, erkent de bedrijfssite, maar zo'n q geeft 'een aparte draai' aan het woord dat zo 'meer status' krijgt.

Of kijk naar Q Bedrijfslocaties B.V.: 'Ik wil een korte, herkenbare naam voor mijn nieuwe kantoor,' schrijft de eigenaar op zijn site. 'En wat is dan beter dan één letter? Q! Nog wel de sjiekste letter van het alfabet. Maar de Q staat ook voor Qualiteit. Qualiteit in creativiteit, in loyaliteit, in initiatief, in communicatie en met name in aandacht. Qualiteit in dienstverlening dus.'

Had er geen boycot moeten komen tegen de q? Een quotum? De q, arme dandy, is nu volstrekt verneuqt omdat hij op moet duiken in alles behalve creatieve namen. Ik bedoel:

Restaurant FlinQ. Videoproductiebedrijf FlinQ. Ontwerpbureau FlinQ. Installatiebedrijf FlinQ. Adviesbureau FlinQ Binq Design. BINQ Promotions. Onlinewinkel BinQ. Designbureau

sinq. Accountantsbureau FinQ. Computerwinkel jinq. Uitzendbedrijf linq. Fietswinkel Minq. Verkoopstylist NinQ. Marketingbureau Pinq. Winkelplatform Vinq. Google Apps reseller YinQ. Homoblad WinQ. Brasserie Zinq.
Er heerst q-koorts. De q is gekaapt. De q is nu de q van quasi.

Een weerbericht

Het was een dag in juni. De weermodellen sloegen knallend rood en blauw uit: er was storm op komst. Het KNMI gaf Code Oranje af. Dat betekent officieel: 'er is sprake van groot gevaar'. Die dag zou het losgaan met hevig onweer, hagel, rukwinden. Het *Algemeen Dagblad* riep alvast lezers op om foto's in te sturen van het extreme weer: omgewaaide bomen, gestrande treinen, 'of zelfs slachtoffers'.

Maar de storm blijft uit. Het onweert alleen wat.

Een storm die niet komt: dat zou vroeger een opluchting zijn. Het scheelt weer mislukte oogsten (of zelfs slachtoffers). Maar nu reageren veel mensen alsof hun ten onrechte een zomeravondvuurwerk is beloofd. De boosheid richt zich op de experts en instituten. 'Vals weeralarm KNMI: noodweer blijkt flinke bui,' schrijft elsevier.nl.

'NOU KOM DAN met je Piet Paulucaust-weeralarm, treinverzwelgende hageltsunami's en ANWB-verkeersinfarcten-regen!!!' reageert een teleurgestelde twitteraar. En de meest doorgestuurde grap op Twitter gaat die dag over Code Oranje: 'Snap wel hoe ze aan die naam komen. 20 minuten gaat het keihard en daarna stelt het niet veel meer voor.'

Het leek wel alsof de mensen boos waren dat ze niet bestolen waren, nadat ze toch echt gewaarschuwd waren voor zakkenrollers. Vanwaar die hysterie?

Vroeger was het weer van levensbelang, in elk geval voor boeren en scheepslui. Maar nu leven we in een comfortabel land waar alles keurig geregeld is. Natuurlijk is het weer nog steeds relevant voor een dagje strand, of een barbecue, of voor het nationale humeur. Maar ons leven hangt er doorgaans niet van af. De lucht is een stukje oernatuur dat je veilig vanachter glas kunt gadeslaan. Het is decor. Amusement.

Maar juist nu het weer niet meer van levensbelang is, reageren we alsof dat wel zo is. Hoe minder relevant het weer, hoe vaker we erover praten. Het weerbericht is het enige item dat altijd het journaal haalt. Met zelfs een speciale correspondent. Kranten brengen het weer op de voorpagina, met grafieken en tabellen. Op telefoons hebben we buienradar. Er is meer weer dan ooit.

Je zou het weer kunnen zien als het nationale gespreksonderwerp bij uitstek. Iedereen heeft tenslotte te maken met het weer. Het weerbericht is het enige nieuws dat iedereen raakt, dat iedereen kan begrijpen en dat elke dag speelt. Het weer is het enige wat wij delen. Het kan dus een smeermiddel zijn, dat mensen samenbrengt, zoals je op de camping het eerst een praatje maakt over het weer.

Maar die collectieve campingervaring lijkt nu soms eerder een massaal campinggevecht. Er is iets grimmigs in de wolken geslopen. We zijn hysterischer over het weer gaan praten. De traditionele nuchterheid ('het kan vriezen, het kan dooien') is verdwenen. We gebruiken nu uitroeptekens en overdrijvingen. In onze huiskamers klinkt 'weeralarm'. Zelfs een winter die te warm is voor een Elfstedentocht noemen we 'horrorwinter' (ook kwaliteitsmedia spreken in ernst over horrorwinters; dat woord bestond vóór 2010 nog niet eens). En hoewel de laatste decennia de voorspeltechnieken flink verbeterd zijn, trekken we het weerbericht steeds vaker in twijfel.

Misschien komt dat doordat we allemaal een beetje weerman zijn geworden. Op internet kunnen we zelf een second opinion samenstellen. Op onze telefoons hebben we een geavanceerde buienradar, waarop het weer een filmpje lijkt dat je vooruit kunt spoelen – het ziet eruit alsof het weer niet onvoorspelbaar is, maar iets wat in scène wordt gezet.

Het weer is een van de weinige zaken die zich aan maakbaarheid onttrekken. Maar dat willen we niet zien. Toeval en foutmarges trekken we niet meer. Als ondanks alle apps en stats het weer niet klopt, worden we boos. In 2011 stelde een CDA-Kamerlid zelfs Kamervragen over het weer. Want het KNMI had er naast gezeten. Voor het eerst in de geschiedenis moest een staatssecretaris serieus ingaan op het weer van de week ervoor. (Hij antwoordde overigens keurig. Het weer liet 'een wisselvallig weerbeeld zien, dat paste bij de voorspelling'). De PvdA-fractie in Hoek van Holland was in de zomer van 2012 zelfs kwaad op het KNMI omdat het heel mooi weer was, terwijl er toch echt 'regen, windstoten en onweer' waren voorspeld.

'Weertje, hè?' is veranderd in: 'Geld terug! Kamervragen!'

Misschien begon dat wantrouwen met de klimaatcrisis, toen er de eerste onheilspellende berichten kwamen over een nakende apocalyps. Het weer was niet langer entertainment, maar politiek. En elke ijspegel, iedere zonnestraal werd bewijsmateriaal in een debat waarin iedereen steeds bevestigd ziet wat hij toch al vond. 'Het wil niet vlotten met de opwarming van de aarde,' zei Richard de Mos (PVV) eens, op een dag dat het erg koud was. 'Vandaag ben ik alweer twee keer drijfnat geregend!' zei GroenLinks-Kamerlid Liesbeth van Tongeren. 'Door de klimaatverandering komen die stortregens echt steeds vaker voor.' Noem het: zie-je-wel-isme. We zitten in een achtbaan. Als we omhooggaan gilt de ene helft: zie je wel, we stijgen! Als we omlaaggaan, roept de andere helft: zie je wel, we storten neer. En intussen is ieder blind voor de werkelijke koers.

Het weer is niet neutraal meer. Je hebt nu links weer en rechts weer. Het weer is links als het in de winter warmer is dan gebruikelijk. Het is rechts als het zomers kouder is dan normaal. We zien geen verschil meer tussen weer en klimaat, tussen toeval en trend.

Vroeger was het weer van iedereen, nu wordt het geclaimd door verschillende partijen: energiebedrijf Eneco spreekt over 'Hollandse wind'; worstenfabrikant Unox zegt: 'Het is weer Unoxweer.'

Ooit was het weer een volkomen onverklaarbaar fenomeen, waar we vaak bang voor waren. Om er toch grip op te krijgen, verzonnen we mythen. Bijvoorbeeld dat de bliksem een boodschap van Zeus was: dan wist je tenminste wat je overkwam als de bliksem insloeg. Maar inmiddels kunnen we alles wel zo'n beetje verklaren. Het weer kunnen we zelfs vooruitspoelen. Nu geloven we niet meer dat de bliksem van Zeus komt.

Maar helemaal zonder mythe kunnen we kennelijk niet. Daarom zoeken we nu schuldigen als het weer niet is wat we willen. Daarom maken we het weer politiek. Daarom eisen we het weer op. Daarom zijn we trots op ons weer, Hollands weer.

Wij zeiden doei tegen Zeus. De bliksem komt niet meer van boven, de bliksem komt nu van links, of van rechts – of van Unoxworst. Zo werd het bij ons altijd extreem weer: want we maakten het tastbare alsnog abstract, het alledaagse alsnog ingewikkeld. We zien nu in elke plensbui een complot.

    Soms mis ik Zeus.

Afrikaanse rode wijn

De Albert Heijn verkoopt een populaire Afrikaanse rode wijn met de naam Stormhoek. Op het etiket van deze wijn staan geen verhalen over smaak en afdronk, er staat slechts de volgende idealistische boodschap, in kapitale letters van verschillende grootte:

BE PASSIONATE
LOVE
DREAM BIG

BE SPONTANEOUS
CELEBRATE
CHANGE THE WORLD OR GO HOME

Dat zijn zes gebiedende wijzen op een rij. Een flink to-do-lijstje voor een wegdrinkwijntje. Je wilt net even ontspannen, maar nee, je moet dit, je moet dat. Zelfs rode wijn laat je niet met rust.

De fles is symbolisch voor een tijd waarin je niet lijkt te kunnen genieten zonder de gedachte dat je eigenlijk de wereld moet redden. En tegelijk laat deze tekst al doorschemeren wat een onmogelijke opdracht het is. Want hoe kun je op bevel spontaan zijn? En als het echt je plicht is om de wereld te veranderen, hoe helpt rode wijn daarbij? Wijn maakt een mens impulsief en gepassioneerd, absoluut. Maar wie de wereld wil redden kan beter nuchter blijven.

Het etiket is zo paradoxaal, dat je het spontaan op een drinken wilt zetten – en misschien is dat ook wel de truc.

Nuchter blijven is lastig in deze tijd. We zijn beschonken van goede bedoelingen. We hebben een onstilbare behoefte aan bevlogenheid, spontane actie en passie. Die behoefte aan een hoger doel, voelen bedrijven uitstekend aan. Daarom hebben ze de idealistische slogans van de wereldverbeteraars gekopieerd. Op een beker Starbucks-koffie vind je de tekst: 'Help us help the planet'. Op een pak Cruesli staat: 'Cruesli steunt samen met jou het schoolmaaltijdenprogramma in Benin'. Het trendy merk Blue Q verkoopt aluminium waterflesjes met als opdruk: 'I'm saving the planet. What are you doing?' Het redden van de planeet is een nogal arrogante omschrijving van je bezigheden, maar het staat hier zonder spoor van ironie.

Wat we redden is niet de planeet, maar het beeld van onszelf: we voelen ons geen consumenten meer, maar betrokken wereldburgers. Daar betalen we graag extra voor. De enige *change* is op de etiketten: we noemen consumeren nu weldoenerij en shoppen een goede daad.

Maar helpen we de planeet dan niet een béétje door het drinken van koffie of het kopen van jurkjes? Nee, vaak zitten we juist in de weg. Een triest voorbeeld daarvan was de campagne Kony 2012, van de hulporganisatie Invisible Children. Ook hulporganisaties weten uitstekend wat de consument wil: zonder gezeik een goed gevoel. Dus werden goede doelen een industrie met een pientere marketingmachine. Die marketing bereikte een hoogtepunt met de film *Kony 2012*.

Het was een film van dertig minuten over Oegandese kindsoldaten en over oorlogsmisdadiger Joseph Kony, verspreid door hulporganisatie Invisible Children. In de eerste paar dagen werd het filmpje al zeventig miljoen keer bekeken. Dat was een ongekend succes. *Kony 2012* was geen documentaire, maar een commercial. De makers zeiden dat het doel ervan was om de 'propaganda' die wij dagelijks krijgen voorgeschoteld van bedrijven als Coca-Cola, Dior en Mercedes-Benz te 'herdefiniëren' en te vervangen door propaganda voor het goede doel.

Het zoontje van de maker kreeg een hoofdrol in de film, zodat de kijker letterlijk op kleuterniveau kreeg uitgelegd wat het probleem was. Je zag good guys. En je zag een bad guy. De bad guy heet Kony. (Voor wie het nog niet snapte, werd hij vergeleken met Adolf Hitler.) Om het probleem op te lossen, hoefde je alleen maar een Kony-armbandje te kopen in de webshop van Invisible Children. Een belangrijke reclamewet is: houd het simpel. Deze film was zelfs simplistisch: probleem? Probleem opgelost.

Maar het doel heiligt toch de middelen? Ja, de vraag is alleen wat dat doel in dit geval was.

De film begon met beelden van de planeet aarde. En de boodschap: 'humanity's greatest desire is to belong and connect.' En inderdaad is 'ergens bij horen' een menselijke oerbehoefte. Het filmpje voorziet daarin: alleen al door het kijken word je onderdeel van een fictieve wereldgemeenschap die op jacht is naar een monster.

De film vertelde je niet dat veel Oegandezen zelf niet zitten te wachten op de militaire interventie waar Invisible Children voor ijvert. Dat een eerdere poging om Kony te pakken mislukte. Dat er inmiddels urgentere problemen zijn. Wat je wel ziet zijn beelden van westerlingen die een hoger doel hebben gevonden. 'We are not just studying human history... we are shaping it,' hoor je. En halverwege zie je een demonstratie van jonge Amerikanen gekleed in T-shirts met de tekst *Do more than just watch*.

De film vervult kortom vooral de wens van de westerse kijker: hier is het ultieme kwaad – en jij bent een held omdat je voor het eerst van je leven een dertig minuten durend filmpje hebt bekeken op internet.

Ons grootste probleem is dat we geen grote problemen kennen. We leven in de best denkbare aller werelden. We wonen in een van de rijkste stukjes land ter wereld, op het rijkste moment in de wereldgeschiedenis, we behoren tot de 1 procent bevoorrechten van de 1 procent uitverkorenen. Tegelijk weten wij beter dan ooit tevoren dat er mensen zijn die niet zoveel privileges hebben. En dus voelen we ons soms schuldig. Dat verpest dan weer de hele boel. Dan genieten we minder. Dus organiseren we acties voor het goede doel. 'The white saviour complex' noemde schrijver Teju Cole dat ooit: het draait om het hebben van een grote emotionele ervaring die jouw privileges kan rechtvaardigen.

In de webshop van de Kony-film kon je voor een prikkie zo'n emotionele ervaring kopen. Er werden Kony-gadgets aangeboden met de slogan 'People will think you're an advocate of awesome'. Het is dezelfde arrogante boodschap als van het waterflesje: 'I'm saving the planet. What are you doing?'

Helemaal niets doen is cynisch, werpen mensen dan vaak tegen. Maar ik denk dat het goed zou zijn als mensen wat vaker niets deden. Dat is niet cynisch: je moet pas iets dóén, als je zelf alles op orde hebt.

De Kony-film was in feite een dertig minuten durende anticommercial tegen Oeganda. Want Oeganda werd opnieuw in beeld gebracht als een mislukt stukje aarde, vol aids, vliegen en machetes, een land dat niet kan overleven zonder westerse actiehelden als Rihanna, Zuckerberg en jij, ja, jij daar. Dat is niet behulpzaam, zelfs niet een beetje, zelfs niet in de zin van het doel heiligt de middelen; het was ronduit kolonialisme *gone viral*. Dat is schadelijk. En de extra prijs voor het simplisme van de film was dat er direct een tegenreactie kwam. De kritiek op de film en de organisatie verspreidde zich bijna even rap als de film zelf. De gelikte marketing zorgde uiteindelijk voor een kater en een golf van zie-je-wel-cynisme: zie je wel, ontwikkelingshulp heeft nooit zin.

Oudejaarsavond 2012 verstreek de deadline zonder dat Kony was opgepakt. Er was eerder dat jaar wel iemand anders opgepakt: filmmaker Jason Russell zelf, nadat hij naakt, vloekend, masturberend de straat op was gegaan, gek geworden van zijn eigen egomane, megalomane humanisme.

De Portugese dichter Fernando Pessoa schreef eens over een

man die hem lastigviel met praatjes over 'de strijd voor rechtvaardigheid'. Daar is de dichter niet van gediend, want hij bezit 'het natuurlijk egoïsme der bloemen'.

'Wat bekommer ik mij om de mensen
En wat zij lijden of denken te lijden?
Alle ellende op de wereld komt ervan dat we ons met elkaar bemoeien,
Hetzij om goed te doen of kwaad te doen.
Onze ziel en de hemel en de aarde zijn genoeg.
Méér willen is dit verliezen, en ongelukkig zijn.'

(vertaling August Willemsen)

Aan dat egoïsme der bloemen denk ik wel eens als ik wijn drink.
Ja, wij zijn de geprivilegieerden. Als iemand de juiste condities bezit om gelukkig te zijn, dan zijn wij het. Is het dan niet

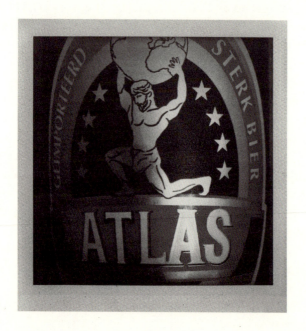

onze allereerste taak om die bevoorrechte positie niet te verkwanselen? Is dan niet de eerste taak: zelf gelukkig zijn? Want als wij niet gelukkig zijn, wie dan wel? In de Griekse mythologie bestaat het verhaal over Atlas, die als straf van Zeus het hemelgewelf op zijn schouders moet dragen. Maar wij lijken ons zelf die straf steeds op te leggen. Wij willen de planeet redden. Maar zolang we naar Afrika gaan voor onze eigen behoeften, uit egoïstische motieven, is iedereen slechter af. 'Save the planet?' zei de Amerikaanse komiek George Carlin ooit. 'We don't even know how to take care of ourselves yet.'

Je kunt iemand pas liefhebben als je jezelf liefhebt. Dat is al moeilijk zat. Werk aan de winkel.

Speelgoedhelikopter

Laatst kocht ik van een Afghaan een Black Hawk-helikopter. Een schaalmodel, radiografisch bestuurbaar, twintig centimeter lang. De Afghaan werkt in een modelhelikopterzaakje om de hoek, naast een winkeltje waar ze tapijten verkopen.

Hij had me in zijn winkel een kleine demonstratie gegeven. Hij liet het helikoptertje cirkelen boven de winkelvloer en zette het daarna met een vlekkeloos uitgevoerde touchdown neer op de toonbank.

Instapmodelletje, zei hij. Onverwoestbaar. Drie tientjes. Batterijen krijg je er gratis bij.
Echte helikopters zijn voor de rijken of voor mensen in uniform. Het is een van de weinige vervoersmiddelen waar gewone mensen vaak nog nooit in hebben gezeten, laat staan dat ze er eentje zouden bezitten. Helikopters kennen we van afstand. Als stip aan de hemel. Als geluid uit oorlogsfilms. Helikopters scheppen ook afstand. Veel meer dan vliegtuigen, die we vanbinnen goed kennen.

Maar deze Syma 102G, met z'n vliegduur van vijf minuten, z'n actieradius van vijftien meter, z'n hoge zoemgeluid als van een gecastreerd staafmixertje – de Syma 102G ligt binnen ieders bereik.

Mijn miniheli was gemaakt in China. Dat merk je aan de kreupele Engelse teksten die op de wieken staan. Het is de onbedoelde poëzie van Google Translate:

> WARNING
> If blade damage, don't be fly
> otherwise it will create the human body
> or blame damage.

Thuis, bij mijn eerste vlucht, crashte het ding meteen tegen een pui. Daarna steeg ie meteen weer op, als een verdwaalde duif in paniek. Hij fladderde tegen een kast, stoof weer op, botste tegen een deurpost, herpakte zich en steeg weer op – crash, bzzzzzzzz, crash, bzzzzzzz, crash...

Maar de heli ging inderdaad niet kapot. En op den duur kreeg ik het vliegen onder de knie. Ik slaagde erin om patrouilles uit te voeren door de woonkamer, via de keuken, door de slaapkamer, steeds langere patrouilles. Met mijn Amerikaanse legerhelikopter, geproduceerd in een Chinese fabriek, gekocht van een Afghaan, speelde ik oorlogje in mijn woonkamer. Ik deed *Apocalyps Now* na met de kamerplanten als jungle. Ik speelde Abottabadje met de kat als prooi.

Speelgoed is zelden onschuldig.
Op Madurodam-schaal was ik Obama in de *war room*. Ik proefde aan macht – niet lachen! Ik ervoer die bijna telekinetische sensatie van controle.
Dat is wat helikopterbezit met mensen doet.

Eens, in Heerhugowaard, braken er in het holst van de nacht twee mannen in bij de Intratuin. Het alarm ging af en de mannen sloegen op de vlucht. Volgens het politiebericht is de politie toen uitgerukt met honden én een helikopter. De ene boef werd al snel gepakt. De andere had zich weten te verstoppen in een kliko. Hij wist echter niet dat de helikopter beschikte over een warmtecamera.

Denk daar eens aan: aan die hijgende man in de pikdonkere vuilnisbak. Hoe hij het chop chop chop hoort, steeds luider. Blaffende honden. Zwiepende lichtkegels. En dan de klep die opengaat.

Man versus heli. Eenling tegen de staat. Bij zo'n unfaire strijd kies je – of je nu wilt of niet – bijna vanzelf partij voor de man in de kliko.

Helikopters staan van oudsher symbool voor de politiestaat. In het beroemde boek *1984* van George Orwell wemelt het van de helikopters. Ze verschijnen al in het eerste hoofdstuk, vlak na de introductie van de slogan BIG BROTHER IS WATCHING YOU. Orwell beschrijft hoe in de verte een helikopter over de daken scheert, die even 'als een bromvlieg' blijft hangen en dan weer wegschiet. 'It was the police patrol, snooping into people's windows.'

Propellervliegtuigjes hebben nog iets rustgevends, het geluid van lome zomerdagen. Maar rondcirkelende politiehelikopters zijn boodschappers van naderend onheil, zelfs voor onschuldige burgers. Wie zoeken ze? Is er soms een bankovervaller in mijn tuin? Of zoeken ze mij? Een politiehelikopter laat altijd een spoor na van bezorgde tweets. Meer blauw in de lucht zorgt vaak, paradoxaal genoeg, voor een verminderd veiligheidsgevoel. Dat effect hebben helikopters overal. 'Helicopter hovering above Abbottabad at 1AM (is a rare event).' Dat twitterde de Pakistaan Shohaib Athar begin mei 2011. Hij wist toen nog niet dat die heli later Al-Qaidaleider Osama Bin Laden zou pakken; hij wist alleen dat dit geluid vaak een veeg teken is.

Helikopters zijn de ogen van machthebbers: anoniem, afstandelijk, alziend. Tegen zo'n vogel heeft het individu geen schijn van kans. Een oneerlijke, laffe strijd. Alles wat boven je hoofd vliegt is eng, vooral als het jou probeert te raken.

De angst voor dat wat boven ons vliegt zie je uitvergroot terug in het moderne debat over drones, de onbemande vliegtuigjes waar vooral Amerikanen missies mee uitvoeren. De kritiek op het gebruik van drones heeft misschien iets naïef-romantisch; alsof het fijner zou zijn om terug te gaan naar de aardse man-tegen-mangevechten, terug naar de Middeleeuwen, toen oorlog nog eerlijk, puur en vooral heel slordig was.

Een drone is nog afstandelijker, nog klinischer, nog dodelijker dan een helikopter, want er zit niemand in, het is louter techniek: ze worden op afstand bestuurd, als dodelijk, westers speelgoed. 'Remote control killing' heet deze wijze van oorlogsvoering.

In de film *Heaven* (2002) is Kate Blanchett een voortvluchtige terroriste. Een goede terroriste: onze sympathie ligt bij haar, het opgejaagde wild. Ze dreigt samen met haar handlanger omsingeld te worden door politie, die met heli's komt aanzetten. Onze helden weten een politiehelikopter te kapen en ontsnappen aan de omsingeling. De helikopter stijgt op, steeds hoger, blijft stijgen, tot hij verdwijnt in de hemel.

De laatste jaren is er ook in de werkelijkheid een machtsverschuiving gaande: de underdog krijgt helikopters.

Helikopters zijn niet langer alleen voor rijken of mensen in uniform. De techniek is de laatste tijd zo sterk verbeterd, dat ook

meer geavanceerde helikopters nu betaalbaar zijn voor gewone burgers. Daarvoor moeten we weliswaar naar de speelgoedwinkel.

Mijn helikopter kostte een paar tientjes. Voor een paar tientjes extra kun je er al eentje kopen met een camera. Voor 299 euro koop je bij de Mediamarkt je eigen drone.

Dat is niet alleen goed nieuws voor de spelende mens. Ook voor activisten. Wereldwijd zetten demonstranten nu minihelikopters in tegen de politie. In Amerika, bijvoorbeeld, hadden de demonstranten van Occupy een 'OccuCopter', waarmee ze agenten konden filmen. Ook bij protesten in Rusland, Estland en Polen gebruikten activisten het afgelopen jaar geïmproviseerde heli's. Journalisten en bloggers experimenteren nu met 'drone journalism'.

Technologie die voorheen alleen beschikbaar was voor het leger, komt nu beschikbaar als *open source*, zegt Chris Anderson, hoofdredacteur van het blad *Wired* en zelf een drone-doe-hetzelver, in het blad *Mashable*. Lachend: 'We're open sourcing the military-industrial complex.' De heli's en drones zijn nu gedemocratiseerd. Er ontstaat een luchtvloot van kleine piraten.

Zelfs de beroemde politicoloog Francis Fukuyama kocht een minihelikopter (de Syma S107) en bouwde later ook zijn eigen drone. Hij schreef er een opiniestuk over: 'I want to have my drone before the government makes them illegal.'

De drone is niet alleen het symbool voor de abstracte macht van de overheid, maar ook het symbool voor de tegenkracht van de gewone mens.

Of gewoon toys for boys.

Vaak kun je je het speelgoed dat je in je jeugd begeerde pas financieel veroorloven tegen de tijd dat het er al niet meer zo toe doet. Maar met speelgoedhelikopters is dat anders: die blijven je leven lang fascinerend. Op verjaardagsfeestjes van leeftijdsgenoten is een minihelikopter een subliem cadeau (we heten niet voor niets een generatie die eeuwig blijft spelen).

'Your own space in the sky', stond er op de doos van mijn speelgoedhelikopter. En zo voelde het ook: ik had controle over mijn eigen luchtruim. Mijn geest stuurde mee met dat zoemende dingetje, zodat ik soms een lichte duizeling voelde na het spelen. Als een kind zo blij, dromend als in het kinderliedje:

Helikopter, helikopter,
mag ik met jou mee omhoog?
Hoog in de wolken wil ik wezen,
hoog in de wolken wil ik zijn.

Alles wat op afstand bestuurbaar is, geeft een gevoel van macht, de telepathische sensatie van dingen kunnen veranderen met je gedachten alleen. Als je klein bent, wil je brandweerman zijn, of cowboy. Als je groter bent, wil je de wereld veranderen. De tussenstand: voorlopig bestuur ik in mijn kamer een helikoptertje.

Maar ik speel niet, zei ik dan tegen mijzelf, ik ben mijzelf aan het ontplooien, langzaam ontwaakt de activist in mij.

Een paar weken geleden gaf mijn kleine drone de geest, na een spectaculaire botsing met een lichtspotje. Mijn Black Hawk was down. *Blade damage. Don't be fly.*

Het werd stiller in mijn huis. De kat zal blij zijn, maar ik moet dat ding snel weer aan de praat zien te krijgen. Hoog in de wolken wil ik wezen.

Vouwfiets

Zie ze toch, die lilliputterfietsjes met hun wiebelige zwabberstuurtjes, hun iele 16 inch-wieltjes, hun nerveuze stuurpennetjes. Dit is doorgeschoten evolutie. Dit zijn mismaakte dwergpony's – die ook nog eens het gewicht moeten torsen van reuzen. Meelijwekkend, toch? De vouwfiets is de teckel onder de voertuigen, kwetsend voor de mens.

Ik haat vouwfietsen, maar de eerlijkheid gebied te zeggen dat ik soms bang ben dat mijn haat voortkomt uit jaloezie. Want een vouwfiets is onmiskenbaar praktisch. Je bent snel van A naar B. Waarom is het nooit in mij opgekomen om zelf zo'n ding aan te schaffen? Waarom koester ik toch die weerzin, die wrok? Ben ik soms bang voor het praktische? De vouwfiets is handig, zeggen liefhebbers – het is hun enige argument. De vouwfietser behoort tot het type mens dat zich niet bekommert om esthetica en lak heeft aan prestige. Het is de antipode van de Harley-rijder. Laat de mensen toch lachen, als wij maar efficiënt van a naar b kunnen trappelen. Het is de esthetica van de afritsbroek. Zoals zoveel opvouwbare voorwerpen heeft ook de vouwfiets een militaire oorsprong. Bij de landing in Normandië hadden de Britten en Canadezen vouwfietsen bij zich. Handig, destijds. Maar moet dat dan ook in de trein?

Die onverschilligheid over uiterlijke schoonheid, die hang naar het handige, zou je als iets typisch Nederlands kunnen zien. Wij houden van gewone dingen, we koesteren het banale, het onfraaie. Ons nationale symbool is de fiets. Fietsen heeft iets indiscreets, iets obsceens: al dat trappen, dat hijgen, dat zweten. Behalve bij ons. Wij juichen de koningin zelfs toe als ze de fiets kiest. En ook de oppositie was stiekem trots toen premier Rutte zijn Gazelle bereed. Het ultieme bewijs dat hij gewoon is gebleven.

Maar de vouwfiets is nu juist geen gewone fiets. Het is een slimme fiets. Het zo simpele concept van de stalen driehoek is ingewikkelder gemaakt. Dat geeft de vouwfietser iets onuitstaanbaars, misschien juist omdat hij gebruikmaakt van het oersymbool van doe-maar-gewoon – alleen dan net iets slimmer dan jij.

De vouwfietser zegt: 'Haha, ik ben anders, ik heb een heel pienter fietsje en die mag lekker gratis mee in de trein. Doei!'

Vouwfietsmensen hebben niet alleen een vouwfiets, zij zweren bij hun fiets. Het zijn bekeerlingen. Ze vertellen graag hoe licht en wendbaar hun model wel niet is, hoe compact in opgevouwen toestand. In twintig seconden is ie rijklaar! 'Ik vouw mijn Strida in tijdens het rennen voor de trein,' schrijft een enthousiasteling op een vouwfietsforum. 'Effectief dus nul seconden opvouwtijd.' En: 'Met een Strida heb je je eigen stoel om in de stampvolle trein op te zitten.' Vouwfietsen staan vaak in de weg, zeker tijdens de spits. Dat zou mijn weerzin ook kunnen verklaren. Maar die weerzin ervaar ik niet, of in elk geval minder, bij andere dingen die in de weg staan, zoals kinderwagens, of grote koffers. Bij die voorwerpen denk ik: het kan niet anders, er is nu even geen elegantere oplossing. Een vouwfietser claimt ruimte voor zijn eigen gemak. Hij is egoïstisch. Straks fietst hij lachend de stad in, geeft hij je het nakijken, want jij moet lopen, of op een bus of taxi wachten. Daarom ervaren we extra leedvermaak als we ze eens zien worstelen met die wirwar van hendeltjes, stuurkolommen en palletjes, hun recalcitrante strandstoel. Daarom mopperen we extra als het fietsje een beetje in de weg staat in de trein.

De officiële missie van Brompton, een van de bekendste merken, is: 'spreading freedom and independence.' In de praktijk is het vooral een handige manier om een paar seconden eerder op kantoor te zijn, en dat op een fiets die kwetsbaarder is en nerveuzer stuurt dan een gewoon model. De vouwfiets is een voertuig van haast. Waarom wandelen als je er ook op zo'n koffiemolentje vandoor kunt sprinten? Efficiënt, praktisch, handig, slim, snel, klik, klak, klaar. Vouwfietsers zijn geen flaneurs, het zijn de paratroepers van de ochtendspits, inhalig wat betreft seconden.

Je ziet wel eens een forens zijn vouwfiets de stationstrap op tillen, als een veldrijder. Niet de fiets vervoert de mens, maar de mens vervoert zijn fiets. Het is de omgekeerde wereld. Het is onkies. Het gaat vouwfietsers ook niet echt om die paar seconden; het gaat om de psychologische tijdwinst: het triomfantelijke gevoel dat je dankzij een vernuftig fietsdesign de wereld te slim af bent geweest.

Maar niet alles wat kan, moet. Niet al het handige is mooi, niet elke tijdwinst valt te prefereren. Anders wint het praktische steeds van het schone.

De laatste jaren komen er steeds slimmere modellen op de markt, met revolutionaire materialen, met kevlar, met telescopische zadelpinnen. De fietsjes worden steeds compacter. Maar de tragiek van het vouwfietsdesign is dat de menselijke maat zelf intussen niet verandert. De fiets wordt steeds kleiner, maar de mens wordt dat niet. En hoe kleiner het rijwiel wordt, hoe kolderieker wordt zijn berijder: giraffe op een driewieler.

Maar ik houd er rekening mee dat ik dit puur zeg uit jaloezie.

Het effect van Axe

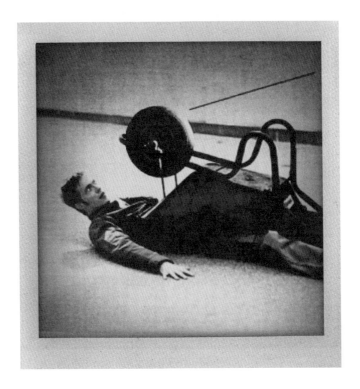

Er was een man op tv die nooit shampoo gebruikte en die zich nimmer waste met zeep. Hij zag eruit als een keurige heer, niet als zwerver of gek. Hij stonk ook niet, beweerde hij zelf, hij rook gewoon naar niks, naar zichzelf. De televisieverslaggever kon dat eerst niet geloven. Hij vroeg of hij namens de kijkers even mocht snuiven aan de oksel van de man. En inderdaad: hij rook niets. Deze man was geurloos. Wat een zonderling!
 Mensen horen te geuren. Welke geur precies als welriekend

geldt, verschilt per tijd en plaats. Dat luistert nauw: mannen van een bepaalde Ethiopische stam smeren zich bijvoorbeeld graag in met koeienmest, terwijl wij ons onder de douche inwrijven met een fluorescerend groene vloeistof vol witte kleideeltjes, masserende microbolletjes en de intrigerende geur van honing en maanorchidee; met extracten van granaatappels, komkommers, hibiscus, veenbessen, perziken of groene thee; met moleculen van magnolia's, lychees, cacaobonen en groene meloenen; vol lipiden, yoghurtproteïnen, Himalaya-mineralen en opwindende geurstoffen, opwindende geurstoffen overal – een waterval van hydraterende bubbels, een waarlijk sprankelend parfum van nectarine & witte gember, een explosie, kortom, van frisheid.

Voor normaal haar.

En als je onder de douche vandaan komt, ben je nog niet klaar. Ook als je naar buiten gaat, moet je in onze samenleving een klein cilindervormig apparaatje bij je dragen om jezelf gedurende de dag met geur te kunnen bespuiten. Dat noemen we vreemd genoeg 'deodorant', wat namaak-Latijn is en 'ontgeurder' betekent.

Het is je sociale plicht om jezelf met geur te ontgeuren. Wie niet riekt naar Himalaya-mineraal vinden we raar. Daar sturen we een televisieploeg op af.

Die plicht bestaat nog niet zo lang. Het woord deodorant, bijvoorbeeld, is maar een jaar of zestig oud. De eerste rollerdeo kwam in 1952, de eerste spuitbus in 1965. In het boek *The Dirt on Clean: An Unsanitized History of washing* (2007) vertelt Katherine Ashenburg dat haar moeder zich de komst van de deodorant nog kon herinneren. Dat is een vrij schokkend gegeven: onze opa's en oma's hebben de tijd meegemaakt dat je geen deo gebruikte. Ze stonken. Of althans: ze roken naar niks, ze roken gewoon naar zichzelf, maar jezelf zijn vinden we nu onwelriekend. (Zelf vonden zij natuurlijk niets vreemds aan hun eigen geur, zoals alle mensen die stinken dat zelf niet doorhebben.)

Inmiddels gebruikt bijna honderd procent van de westerlingen deodorant. Dat is gekomen door reclames die ons bang maakten voor onze eigen geur, beschrijft Marybeth MacPhee in *Deodorized Culture: anthropology of smell in America*. In deodorantreclame uit de jaren zestig werd ons verteld dat die eigen lichaamsgeur gek was, een vijand die moest worden verdelgd. Dat maakt deodorant symbolisch voor een moderne vorm van symptoombestrijding. Het bestrijdt de symptomen van problemen die pas ontstonden toen de oplossing ervoor op de markt kwam.

In 1983 kwam het eerste Axe-spuitbusje op de markt, zwart met zilveren opschrift. Dit busje bevatte méér dan geur: als je drukte op de verstuiver, kwam er zelfvertrouwen uit. Want deze lokstof zou zelfs de meest pokdalige pubers omtoveren tot alfamannetjes.

Ook ik heb mijn Axe-periode gehad. Wat voor Proust de geur van een madeleine was, is voor mij Axe Africa: spuit wat van deze geur in een ruimte, en mijn hoofd vult zich vanzelf met herinneringen aan klaslokalen vol hormonen en broeierige campingdiscotheken. Soms ruik ik de geur nog op straat en raak ik ontroerd door de hoop die ervan uitgaat.

Hoop – is dat wat Axe verkoopt? Het merk stelt zich aan je voor als je trouwste bondgenoot. Russell Taylor, marketeer van Axe, zei ooit in een interview: 'We give them something that is very much a male thing when they are discovering and questioning the meaning of life.'

Je bent een onzekere jongen, je lichaam vertelt je dat je moet jagen, maar je weet nog niet hoe dat moet: je bent zelfs bang voor je prooien, de meisjes. Een wrede periode.

Maar je hoeft helemaal niet te jagen, fluistert Axe dan in je oor. Hier, spuit dit op je lijf en de meisjes komen vanzelf! Axe Vice Bodyspray belooft je bijvoorbeeld dat het de meest brave dochters omtovert tot 'ondeugende meisjes'. Excite Body Spray is 'zo verleidelijk, dat zelfs de meest onbereikbare engelen voor je vallen'.

Axe kiest partij voor sukkels, legt socioloog Rebecca Feasey uit in een artikel in het *Journal of Gender Studies*. Je hoeft geen held te zijn. Kijk maar naar de Axe-commercial *Click*: de stoere acteur Ben Affleck krijgt minder blikken van vrouwen toegeworpen dan een doorsneejongen, want die heeft deo. Slim: de markt van sukkels is nu eenmaal groter dan die van helden.

Unilever, de fabrikant, definieert het Axe Effect als 'de internationaal erkende naam voor de toegenomen aandacht die Axedragende mannen ontvangen van gretige en aantrekkelijke achtervolgsters'. Op de productsite wijst het bedrijf op een studie van onderzoekers van de universiteit van Liverpool, die 'wetenschappelijk bewezen' hebben dat het 'Axe Effect daadwerkelijk bestaat'.

Het blijkt te gaan om een onderzoekje met 35 mannen, die gevraagd waren zich twee etmalen niet te wassen. De groep werd in tweeën gesplitst: de ene groep kreeg een busje Axe om zich op te frissen, de andere een busje geurloze deodorant. Vervolgens werden de mannen gefilmd. Daarna was het aan de vrouwen om op basis van de beelden te beoordelen welke mannen het aantrekkelijkst waren. De vrouwen konden de mannen dus niet ruiken. Maar ze vonden de mannen die Axe hadden gebruikt meer aantrekkelijk en meer zelfverzekerd. En dat vonden de mannen ook van zichzelf.

Dit onderzoek is natuurlijk te kleinschalig om er solide conclusies aan te verbinden. Bovendien werd het betaald door Axe zelf. Maar het onthult wel iets interessants: kennelijk beschouwt Unilever zelf het Axe Effect als een indirect effect. Mannen met Axe ruiken niet per se lekkerder, maar ze voelen zich lekkerder, doordat ze denken dat ze lekkerder ruiken – ook al ruiken de vrouwen helemaal niets.

Het is een placebo-effect. Maar dat is net zo goed een effect. Het verband tussen bijgeloof en Axe zie je helder in de commercial Axe Anarchy, waarin een man en een vrouw zichzelf met één handbeweging van oksel tot kruis bespuiten: het is een moderne variant op het kruisje slaan. Een schietgebed.

Het gaat niet om geur. Logisch eigenlijk, want deodorant spuit onze natuurlijke lichaamsgeur weg, het is napalm voor je oksel. De werking van deodorant heeft een cultureel bepaalde werking, en Axe is daar de vervolmaking van. Zelfs de fabrikant geeft toe dat het niet om de ingrediënten gaat, maar om de beeldvorming en zelfperceptie.

En misschien gaat het niet eens om het scoren van meisjes. In de ruim dertig jaar oude traditie van Axe-commercials keert één element steeds terug: de ironie. De filmpjes zijn allemaal zwaar *over the top,* het is oe la la op het niveau van de *Naked Gun*-films, met een eindeloze rij aan fallussymbolen, zoals torens, cactussen, raketten.

In de klassieke Axe-commercial *Billions* trilt de aarde van duizenden, tienduizenden, biljoenen hysterische vrouwen, bacchanten in bikini, die een gewone jongen bestormen omdat hij zich op het strand staat te bespuiten met Axe. In een andere klassieker zie je een Parijse feministe die haar okselhaar afscheert vanwege dat Axe Effect. De reclames zijn zo overtrokken, dat de boodschap zelf ook absurd wordt. Want welke jongen gelooft dat nou echt, dat er biljoenen meisjes op hem af zullen stormen? De dagelijkse proefnemingen in de realiteit wijzen iets heel anders uit.

Het is de ironische hyperbool. Het is alsof je 'wat zie je er fantastisch uit!' zegt tegen iemand die er niet goed uitziet. Oftewel: je moet de boodschap niet letterlijk nemen. Met ironie kun je een band smeden tussen zender en ontvanger, want alleen de goede verstaander heeft het door. Jullie begrijpen elkaar.

In de reclame wordt het stijlmiddel vaak gebruikt. Denk aan de verpakking van sandwiches in de Albert Heijn to go. Daar staan ironische teksten op, zoals: ''s Ochtends als je opstaat weet je het al. Dit wordt een slaapverwekkend saaie dag met maar één lichtpuntje: het moment dat jij je tanden zet in de sandwich van de maand.'

Zowel de tekstschrijver als de consument weet hopelijk dat die sandwich niet letterlijk het hoogtepunt van de dag is. Toch is er een verstandhouding tussen die twee, omdat de tekstschrijver laat blijken mee te voelen met de saaiheid van het werkende bestaan.

Het is een cynische vorm van ironie. Er wordt niet eens een poging gedaan om het groteske van de beweringen te verhullen. Het is bijna alsof er staat: jij weet dat ik uit mijn nek klets, ik weet dat jij dit toch zult kopen omdat je trek hebt, dus wat maakt het allemaal uit.

Hetzelfde type ironie zit in de Axe-reclames. Er is geen enkele Axe-reclame die je letterlijk kunt nemen. Er wordt zelfs geen poging meer gedaan om geloofwaardig over te komen, om iets zinnigs of feitelijks te melden over het product. Het is grotesk en grotesker.

Axe is die toffe jongen met wie je samen kunt lachen om je absurde, wrede, eenzame bestaan. Ik voel met je mee – echt, echt! Hier, spuit dit maar op je lijf. Het werkt – echt, echt! Haha, gefopt, nee, natuurlijk niet, tuurlijk zul je geen biljoenen vrouwen scoren, jongen, wat dacht jij dan? Maar het is beter dan niets toch?

En zo komt het dat je een deel van je leven ruikt naar nootmuskaat, hout en een vleugje bittere tranen.

In een oude, Franstalige Axe-reclame zie je allerlei voorwerpen aan de voeten vallen van een man die Axe gebruikt. Het gaat steeds om vrouwelijke zelfstandige naamwoorden. Een kruiwagen (*la brouette*) of een stoel (*la chaise*) bespringen een man. Komisch, natuurlijk. Ze nemen de woorden letterlijk! Haha!

Het is sterk gevonden. En tegelijk toont die reclame de ondermijnende kracht van ironie: in een wereld waarin je niets meer letterlijk moet nemen, is het komisch als iemand dat wel doet. De stakker.

Er bestaat een verhaal van een Indiër die Axe aanklaagde omdat hij ondanks zijn deodorantgebruik nog steeds geen vriendinnetje had. Het is een broodjeaapverhaal, maar wel heel tekenend: de humor schuilt er in dat niemand natuurlijk gelooft dat het Axe Effect echt werkt. Hoe naïef kun je zijn om de boodschap letterlijk te nemen en de fabrikant aan te klagen? Haha! Het is deze cynische ironie die ironie een slechte naam geeft. Het is ironie die de werkelijkheid bespuit met zo'n dikke laag kunstmatigheid, dat je niet meer kunt ruiken wat echt is en wat nep. Het is nieuw sinds de jaren tachtig en het stinkt. Het is het effect van Axe.

De open dag van Albert Heijn

Driekwart van Nederland bestaat uit landbouwgrond en de boer komt veel op tv – toch spreek ik zelden een boer. Soms op vakantie, als ik cider of honing koop langs de kant van de weg, zie ik ze even van dichtbij. Raadselachtige wezens zijn het: ze hebben een ander soort ogen, een ander soort handen en een ander huidtype.

In Nederland zie ik ze hoogstens vanuit de verte, door de autoruit: stipjes die op erven en akkers iets geheimzinnigs aan het verrichten zijn. Verder ken ik ze vooral van de plaatjes op melkpakken.

'De boeren leven als sfinxen onder ons.' Die zin vond ik in een stukje van essayist Menno ter Braak (1902-1940). Hij schrijft over de stadsmens die gefascineerd is door de boer, juist omdat die boer zo ver van hem af staat. Voor de moderne mens is de boer een middeleeuws residu, ver weg van de 'ontmantelde vesting, die men stad noemt'. Dat schreef hij ergens in de jaren dertig. Dat was een tijd van mechanisering en verstedelijking. In die tijd verschenen er allerlei streekromans waarin de boer – letterlijk – werd geromantiseerd. Net als nu opnieuw gebeurt, niet alleen in romans, maar vooral op televisie. Een van de best bekeken televisieprogramma's van onze tijd draait bijvoorbeeld om romantiek en boeren.

De afgelopen decennia zijn de mechanisering en verstedelijking nog veel verder voortgeschreden dan in de jaren dertig. Maar hoe minder je boeren in het echt ziet, hoe vaker ze op televisie komen, hoe vaker je verwijzingen naar het boerenleven ziet. Twee voorbeelden uit mijn eigen koelkast. Het eerste is een pak biologische yoghurt met de tekst: 'Even over onze fruityoghurt. Ook die is puur biologisch. Gemaakt met halfvolle yoghurt van koeien die grazen op weilanden. Weilanden waar ook bloemen bloeien.'

Het tweede voorbeeld is mijn pak Campina-melk. Daar staat op, onder het kopje 'Wij en de wei': 'Nederland is weiland. Eindeloos weiland met dauwfris gras, kaarsrechte slootjes. En koeien natuurlijk. Want die horen in de wei, vinden wij. Samen met onze boeren bewaken we zo de kwaliteit van onze verse zuivelproducten, van het Nederlandse gras, waar onze koeien grazen, tot het glas bij jou op tafel.'

Waarom die mythische, paradijselijke weilanden waar bloemetjes bloeien? Waarom niet gewoon 'melk'? En waarom moet het gras 'Nederlands gras' zijn? Hebben ze soms iets te verbergen? Inderdaad bestaat ons land grotendeels uit weiland, maar

zo veel bloeit daar niet meer; weilanden zijn woestijnen.
    Juist stadsmensen willen graag het sprookje horen van het landleven, willen graag een toetje Boer'n Yoghurt Aardbei. Want zij zien de boer als puur, eerlijk, natuurlijk, idyllisch – hoewel we ze nooit tegenkomen.
    Dat ik laatst toch een boer sprak, is dankzij Albert Heijn. Op een pak Puur & Eerlijk-melk zat een stickertje: 'Kom naar de Open Dagen'. Er hoorde een foldertje bij met een groepsfoto van boeren en telers: een boer met een koe, eentje met drie bloemkolen in zijn armen, weer een andere met een kip op schoot. Een fraai tableau. Daarboven wapperde onze nationale vlag.
    'Hollandse Helden,' schreef Appie, 'de gezichten achter de Hollandse versproducten.' En al die helden hadden namen. Helden als de familie Van der Laan uit Kamerik, de familie Agterberg uit Tjuchem, de familie Brandsma uit Oudemirdum – op de website had ik de keuze uit in totaal ruim 175 boeren.
    Ik koos familie Van Rijn te Hoogmade, een dorpje niet ver van Leiden, langs het riviertje de Does. 'Buitenverwachting', zo heette hun kleinschalige bedrijf, 32 hectare, met onder andere koeien, varkens, eenden, bijen, kliswortel, zonnepanelen, verjaardagsfeestjes, silenesla.
    Dit was bepaald geen megastal, maar een lieflijke modelboerderij, even idyllisch als de boerderijtjes die je ziet op vakantie. Zo open was deze open dag. Je kon er brocante kopen en schapenvacht. Er lag groente uitgestald: een tas vullen voor 5 euro. Een koe adopteren: 50 euro. Daarmee steunde je een terugfokprogramma voor de Blaarkop, een lokaal ras uit de jaren vijftig. Een retrorund, zeg maar. Hoewel ik nooit eerder op deze plek was geweest, schonk het tafereel me een wonderlijk thuisgevoel. Het deed denken aan het bordspel Boer Krelis.
    Ik sprak Corneel van Rijn, een van de twee zoons, een zeer vriendelijke, welbespraakte boer van begin dertig. Op zijn T-shirt de tekst 'Natuurlijk biologisch'. Hij was van de zesde generatie. Aanvankelijk had hij geaarzeld over het boerenbestaan. Hij was

eerst filosofie gaan studeren, ontwikkelde een interesse in onder andere Heidegger, maar uiteindelijk keerde hij terug naar het erf.

Hij boert anders dan zijn voorvaderen. Zijn boerenbestaan is meer op de buitenwereld gericht. De open dag van Albert Heijn is een manier om meer mensen over de vloer te krijgen. Altijd welkom, want als kleine boer moet je alle eindjes aan elkaar binden om rond te komen. Hij deed ook mee aan de Boerendagen van Campina, bijvoorbeeld. En aan Koe Alert, een e-mailservice die belangstellenden attendeert op de koeiendans, het heugelijke moment als de koeien weer de wei in gaan. Vroeger was dat een familiegebeuren. Nu is het een spektakel met 600 bezoekers. De boerderij heeft een YouTube-kanaal en een Twitteraccount. Daar lees je over het wel en wee van de dieren. En de dieren hebben er namen. Olga, de bonte bentheimer. Of Klaartje, de bruine kip. En Alfred, het eendenkuiken. De boer is naar de stad getrokken. Hij leeft niet langer als een sfinx onder ons, maar zit op Twitter.

En tegelijk trekt de stedeling naar de boer. Die stedeling wil de boer waar hij persoonlijk de kip koopt bij naam kennen. Het liefst wil hij ook de naam weten van de kip, alvorens hij die eet. De stadsmens is verzot op contact met eigen bodem. Lokaal is magisch. Daarom vind je in winkels en restaurants zoveel streekproducten. Ook die worden aangeprezen met de naam van de boer erbij. Het streekproductenmerk Gijs® adverteert bijvoorbeeld met 'gerookte spekreepjes van Hans-Arjan Stoker uit Veenwouden'. En het bedrijf Willem & Drees biedt 'aardbeien van Arie Verheij uit Lopikerkapel'. En in de luxe supermarkt Marqt hangen borden met teksten als 'We kennen onze veehouders goed'.

Het verloren contact tussen boer en stad wordt zo hersteld. En de stedeling is ook zelf een beetje boer geworden. In de centra zoemt het van de stadslandbouw, de buurtmoestuinen, de urban farming, de rauwe tuinen, de gemeenschapstuinen. Rotterdam heeft een 'dakakker' vlak bij het Centraal Station, in Utrecht mijmert men van urban farming op Hoog Catharijne, particulieren priegelen er met minimoestuintjes. Die tuintjes zijn heerlijk concrete utopieën: de wereld verbeteren is wat veel gevraagd, maar onkruid wieden ligt binnen ieders bereik. We willen producten van onze eigen streek, zo dichtbij mogelijk – en wat is er dichterbij dan je eigen tomatenplant op je balkon?

De mensen die voedsel prefereren van lokale bodem, heten ook wel 'locavoren'. Lokaal eten is goed voor het milieu, omdat het 'voedselkilometers' scheelt, was de gedachte. Of dat echt zo is, wordt sterk betwijfeld (soms werkt grootschaligheid efficiënter, en dus milieuvriendelijker). Maar behalve milieubewustzijn is hier nog een andere, veel sterkere drijfveer actief.

De essayist Ter Braak schreef over de stedeling, die het landleven romantiseerde. In die tijd was ook de nationaalsocialistische ideologie in opmars, die de boer idealiseerde omdat die zo puur en eerlijk was, zo geworteld in de grond waarop hij leefde – *Blut und Boden*. (Een nazi-landbouwminister pleitte toentertijd zelfs voor biologische veeteelt, vrije uitloop en biologisch-dynamische boeren, las ik in het blad *Alert!*, een uitgave van de Anti-Fascistische Actie.) Zo is de kleine boer in de loop der tijden voor het karretje gespannen van allerlei ideologieën – rechts zowel als links. Het lijkt of tegenwoordig vooral linkse mensen de kleine boer idealiseren. Dat zijn immers de mensen die biologisch eten, die puur & eerlijk voedsel willen.

Maar de stroming is veel breder. Het 'Nederlandse gras' en 'onze boeren' op een Campina-melkpak; de 'Hollandse Helden' van de Albert Heijn; de 'aardbeien van Arie' en 'Alfred, het eendenkuiken' – ze zijn alle onderdeel van eenzelfde tijdgeest. De rode draad is hier niet of we rechts of links zijn, maar onze hunkering naar binding. De moderne mens is in zekere zin 'ontaard', dat wil zeggen: het contact kwijt met de aarde. Daarom tuiniert hij: om de sensatie van aarde onder je nagels en grond onder je voeten. Daarom gaat hij ook naar de lokale boer. De moderne mens wil kweeperen en silenesla, maar hij wil vooral wortels die hem verbinden met zijn eigen grond. Heidegger snapt dat, een kind snapt dat, mijn supermarkt snapt dat. En zo kwam het dat ik laatst een boer sprak.

Bliepjes

Een mensenleven is in een piep voorbij, maar soms lijkt het wel alsof het leven ook vooral bestáát uit piepjes.
 Gepiep van de wekker.
 Gepiep van incheckpaaltjes.
 Gepiep van de scanners in de supermarkt.
 Gepiep van je magnetron.
 Gepiep van een berichtje op je telefoon.
 Gepiep van je auto als je dicht bij een paaltje inparkeert.

Gepiep als je van een afstand je auto op slot doet.

Het zou [PIEP] verboden moeten worden, al dat ongelofelijke [PIEP] [PIEP] gepiep. Zóú – want de piep verdient respect en bewondering.

Of eigenlijk moet ik zeggen: de bliep. Een bliep is net iets anders dan een piep. Een piep is het geluid van een muisje in de penarie, of van schoenen in de gymzaal. Maar een bliep is een elektronische, kunstmatige piep.

De bliep is 'een vernuftige creatie', zoals mediacolumniste Virginia Heffernan eens schreef in *The New York Times*. Een typisch menselijk geluid. 'Planten bliepen niet, noch het weer, noch dieren […] je vraagt je nooit af: is dat een bliep of een nachtegaal? Is dat een bliep of een tornado?'

Zo is dat: de bliep is onze uitvinding, eentje die op gelijke hoogte staat met de paperclip, de gloeilamp en de balpen.

Pas in de vorige eeuw begonnen er dingen te bliepen. Als je dit geluid hoort, ben je dus een bevoorrecht mens. Voor die tijd had je al wel klokken die tikten, en zelfs al telefoons die rinkelden, maar er bliepte nog niets. Er leven mensen op aarde die het blieploze tijdperk nog moeten hebben meegemaakt.

Het tijdperk van de bliep begon toen kleine piëzo-elektrische luidsprekertjes konden worden geproduceerd, zo rond de jaren vijftig, schrijft ontwerper Max Lord in het webmagazine *Boxes and Arrows* ('Why Is That Thing Beeping? A Sound Design Primer'). Voor die tijd, vertelt hij, was het onpraktisch om elk apparaat zijn eigen elektronisch voortgebrachte geluid te geven. Behalve dan voor de radio. Maar dankzij die goedkope miniluidsprekertjes, kon vrijwel alles bliepen, zelfs een verjaardagskaart.

De bliep is dus het geluid van de vooruitgang. Een uiterst moderne luchttrilling.

De bliep lijkt irritant, maar is in wezen van grote emancipatoire betekenis – zowel voor de mensen als voor de dingen.

Dingen waren vroeger doofstom. Ze waren opgesloten in zichzelf. De bliep gaf de gave van het woord aan de wasmachine en de magnetron. En nu leven we meer dan ooit in een tijdperk waarin de dingen tegen ons praten. Of in elk geval bliepen.

Dat bliepen klinkt heel primitief. Volgens een definitie van audiowetenschappers Bruce N. Walker en Gregory Kramer is een bliep een signaal dat 'something has, or is about to happen, or that the listener's attention is required in some task'. De boodschap lijkt dus eentonig: Aandacht! Aandacht! Alsof de bliep niets meer is dan een akoestisch uitroepteken. Alsof de apparaten een vocabulaire kennen met slechts één woord. Alsof de bliep simplificeert, de communicatie beperkt tot bliep of niet bliep, zoals jonge baby's alleen kunnen huilen of niet huilen.

Maar de bliep bevat juist een enorme rijkdom aan informatie. Vaak hebben wij aan een half bliepje genoeg om te snappen wat het apparaat ons wil vertellen. Bliep. Bliep. Blieieieiep – het is de meest efficiënte en elegante vorm van morse.

Bliep en je weet precies: 'je heerlijke stoommaaltijd zalm met broccoli is klaar!'

Bliep en je weet precies: 'hé, je pinpas zit nog in het apparaat, sukkel!'

Bliep en je weet precies: 'doe eens je gordel om. Sorry dat ik het steeds zeg, maar het is voor je eigen bestwil.'

Die communicatie werkt ook bevrijdend voor mensen. Want stel je nu voor hoe het leven zonder bliepjes zou zijn. Dan zouden caissières bijvoorbeeld voortdurend naar beneden moeten staren of het pak melk nu wel of niet is gescand. Piloten zouden onafgebroken rond moeten kijken in de cockpit of er niet ergens waarschuwingslampjes branden. En jij zou de hele tijd naar je telefoon moeten kijken of je niets mist.

De bliep redt zelfs mensenlevens: denk aan rookmelders en achteruitrijdende vrachtwagens. De bliep is dus je beste vriend – probeer het woord bliep maar eens uit te spreken met een boze stem.

Blieps hebben karakter. Soms is de bliep bescheiden, zoals de lieve bliepjes van de oude Casio-polshorloges. Soms is de bliep vrolijk, zoals de bliep van *Lingo*, die vertelt welke letters kloppen. Sommige bliepjes kennen we alleen uit films, zoals futuristische bliepjes, of die van in een neerstortend vliegtuig. Of de bliepjes van de robot in *Bassie & Adriaan* of in *Star Wars*.

Bliepjes dragen een grote emotionele lading. Er zijn bliepjes waar we bang voor zijn en bliepjes waar we naar verlangen. Bliepjes die snerpen en bliepjes die troosten. De groene bliep van het incheckpaaltje op het station voelt als een schouderklopje, maar de boze, rode, snerpende bliep is eerder een trap in je kruis. Sommige bliepjes klinken Duits, andere Frans. Maar de oerbliep klinkt nog precies hetzelfde. Niet pling pling, of woeshjjj of ploink maar gewoon klassiek bliep.

Dat geluid staat symbool voor de liefdevolle verstrengeling van mens en ding. Niet voor niets was het eerste woordje dat de computer kon zeggen: bliep.

Soms hoor je mensen klagen over de kakofonie aan bliepjes in onze samenleving. Die mensen vergeten dat de meeste apparaten het grootste gedeelte van de tijd juist zwijgen. De magnetron, bijvoorbeeld, is een muurbloempje, en bliept alleen als het echt nodig is. Ook het internet, waarvan wel eens gezegd wordt dat het zo schreeuwerig is, is meestal muisstil.

Nooit leefden mens en ding zo innig samen als in onze tijd. Veel mensen nemen zelfs hun telefoon mee naar bed. Alles bliept overal tegen ons. Wij zijn mensen, maar worden aangesproken door bliepjes: je zou bijna denken dat je op den duur zelf een machine wordt. Want je wordt wat je hoort.

Gelukkig is de mens sterker dan dat. Hij wist het bliepje te overmeesteren. De mens maakte het bliepje menselijk. Via film en muziek gaf hij de bliep ook culturele betekenis. Nu zijn dancemuziek of computerspelletjes zonder bliep bijna ondenkbaar. Wat eerst een lelijk bliepje was, hebben we bewerkt tot de mooiste composities. Nu klinkt, als je goed luistert, elke bliep, ook die van de magnetron, als de opmaat van een muziekstuk.

Er is maar één schaduwzijde aan deze liefdesgeschiedenis.

Door ons jarenlange samenwonen met pratende apparaten, zijn we zo geconditioneerd dat we achter elk bliepje, hoe iel ook, iets urgents zoeken. Geen enkele bliep laat ons onberoerd en als we een onbekend bliepje horen, rusten we niet voordat we de bron ervan hebben ontdekt. We vertrouwen erop dat apparaten niet zomaar bliepen. En dus kennen we ook aan onbeduidende alerts en berichtjes op de computer of telefoon een groot belang toe, alsof na de bliep altijd wereldnieuws volgt, alsof elke bliep even cruciaal is als die van de hartmonitor.

Maar sommige bliepjes zijn gewoon gepiep.

Nieuwbouwnatuur

De dierentuin in New Delhi is ongeveer een halve eeuw geleden aangelegd. De grootste attractie is een witte tijger. Het park is verder niet heel bijzonder; toch maakte het indruk op me. Dat kwam door de context. In India zie je veel dieren gratis op straat: olifanten, kamelen, apen, gieren. In de dierentuin zie je dezelfde dieren, maar nu in hokken en achter hekken. Dat heeft als effect dat als er bijvoorbeeld een gier overvliegt, je niet zo goed weet of die nu bij de dierentuinervaring hoort of niet. En de apen, die thuis een grote attractie vormen, vind je hier niet bijzonder meer; je zag ze al overal op straat. Intussen staren de Indische bezoekers jou, blanke westerling, aan. Je bent zelf de attractie.

Nergens voelde ik me zozeer een aap als hier, waar mens en dier, stad en dierentuin, vloeiend in elkaar over lijken te gaan; waar hekken slechts decoratie lijken. Zo moet het ongeveer geweest zijn in het paradijs: versmelting van cultuur en natuur, alles samen in één tuin.

Ook bij ons trekken natuur en stad dichter naar elkaar toe. Of eigenlijk: de steden breiden zich uit, waardoor de dieren hun habitat aanpassen. In onze steden zie je nu al vossen, steenmarters en roofvogels verschijnen. Naar verwachting zal zelfs de wolf binnen enkele jaren ons land in trekken – zoals er nu al wolven zwerven rond de binnensteden van Rome, Boekarest en Berlijn. En dan zwijg ik over de alpaca's en struisvogels die je soms in Hollandse weilanden kunt zien staan. Verwarrend. Het verschil tussen wild en tam verdwijnt. De grens tussen mens en dier vervaagt. Zie ook de politiek, die zich vaker dan vroeger buigt over het lot van de dieren, onze medebeesten.

Dat maakt de vraag weer zinnig wat ook al weer het verschil was tussen mens en dier, tussen natuur en cultuur. Antwoord: de mens is het enige dier dat dit onderscheid maakt. Er is geen verschil. Sinds Darwin mogen we dan menen dat wij dieren zijn, maar de gevolgtrekking van die denksprong durven we vaak nog niet te nemen. De mens is een aap die nog in hokjes denkt. Het zou van vooruitstrevendheid getuigen als we dit gedateerde onderscheid gewoon lieten varen: geen gemier, iedereen dier.

Een bijzondere poging daartoe voltrekt zich momenteel in een gebied tussen Almere en Lelystad.

Neem de trein vanaf Amsterdam Centraal naar Lelystad. Zorg dat je aan de linkerzijde van de coupé zit. Kijk uit het raam. Even voorbij Almere zul je zien hoe weidegrond verandert in een landschap van moeras en riet, dat alsmaar woester en woester wordt, tot het weer verandert in een kaal graslandschap met her en der

plukjes bomen, kromgegroeid door de wind, sommige schuin standhoudend, andere doods en bleek, hun schors weggevreten door hongerige herten en paarden. Je kunt de dieren bijna aaien vanuit de trein. Met wat geluk zie je ook raven, vossen, ruigpootbuizerds. Het is een bizarre savanne: een kruising tussen een verwaarloosde golfbaan en een postapocalyptisch hertenkamp. De Oostvaardersplassen.

Je hoort wel eens dat er in Nederland geen natuur bestaat. Maar er is juist heel veel natuur. En er komt steeds meer bij. Met dezelfde ijver waarmee we nieuwe woonwijken en asfalt aanlegden, bouwden we de laatste decennia aan een gigantisch netwerk van bos, moeras, heide, slikken en schorren. We shovelden akkers om tot oerbos. We bulldozerden weilanden om tot kikkerwalhalla's. En overal lieten we beestjes los. Het bos werd een bouwput. Nieuwbouwnatuur.

Ook de Oostvaardersplassen hebben we zelf gemaakt. Maar er gaat een verhaal dat dit gebied spontane oernatuur zou zijn, het resultaat van wat je krijgt als je de natuur haar gang laat gaan. Vroeger was hier zee, toen polderde de mens de zee in: tussen Almere en Lelystad zou een industriegebied komen. Maar 'de natuur greep haar kans', staat te lezen op de site van Staatsbosbeheer en 'schiep' hier een groot moerasgebied met rietvlaktes, ruige graslanden en waterplassen. De natuur kraakte dit gebied als het ware. Er kwamen grauwe ganzen en aalscholvers. Spontaan, zoals spinnen in je huis.

Over wat er uiteindelijk precies gebeurt als je de natuur haar gang laat gaan, bestaan verschillende theorieën. Volgens de ene theorie groeit natuur vanzelf dicht tot een soort donkere-bomenbos (met hier en daar een oeros). Een andere hypothese is dat natuur verwordt tot een savannelandschap, dat open gehouden wordt door kudden grazers. Dat laatste meende Staatsbosbeheer, dat de Oostvaardersplassen in bezit had.

Maar in dat plassengebied waren geen grazers. Dus moest het paradijs een handje worden geholpen. In de jaren tachtig werden er paarden, edelherten en runderen uitgezet. Die vermenigvuldigden zich als konijnen. Zie je wel, dacht de mens, dit is hoe het paradijs ooit was.

Maar in de zomer kwamen er steeds zo veel jonkies, dat er in de winter niet genoeg te eten was. Veel dieren stierven van de honger. Jullie moeten die beesten extra hooi geven, zeiden dierenliefhebbers dan. Nee, zeiden de boswachters, want dan laten we de natuur niet haar gang gaan: het is hard, maar het is de natuur.

Nou ja, het was een replica van oernatuur, op een steenworp afstand van de stad, naast een spoorbaan. Het was eerder een soort laboratoriumopstelling, een experiment met grazers als proefdieren, in een omgeving die volledig gereguleerd werd.

Op een dag wist er een zwijntje het terrein op te komen. Dat arme beestje werd afgeschoten. Dat zwijntje paste niet in de theorie. Want in het paradijs gold voor zwijnen 'een nulstand'.

Natuur is in Nederland vaak een jungle van beleid, theorie,

twist, afkortingen en protocollen. Dat geldt ook voor de Oostvaardersplassen. Er werd al snel een internationale commissie voor ingesteld. En er kwam een Protocol Vroeg Reactief Beheer Oostvaardersplassen. Dat laatste hield in dat zwakke beesten voortaan zouden worden afgeschoten.

De natuur haar gang laten gaan betekent: dieren afschieten als ze een protocol overtreden.

Dit is het meest menselijke stukje oernatuur ooit. Maar Staatsbosbeheer ziet dit gebied als de Hollandse Serengeti. 'Een vergelijk met de door gnoes en zebra's bewoonde savanne in Oost-Afrika is, kijkend naar de overal in het gebied rondzwervende kudden, wel op z'n plaats,' aldus de brochure *Leve de Oostvaardersplassen*. Een andere brochure, *Out of Africa, into de polder*, vertelt over de mogelijkheden voor bruidsreportages, openluchtdiners en fotosafari's (met prijzen tot 1500 euro). Weer een andere folder, van de provincie Flevoland, vertelt dat je hier zelfs de 'Big Five' kunt ontdekken.

Als dit de Serengeti is, dan is Lelystad Rome. De Serengeti is duizenden jaren oud en vijfhonderd keer zo groot als dit gebied. Terwijl de Flevopolder... Enfin, je kent de geschiedenis.

Al deze marketing kan je het gevoel geven dat zelfs de natuur tegenwoordig nep is. De natuur was altijd de trouwe bondgenoot van de mens die houvast zocht, de natuur was het enige waarvan we wisten dat het absoluut echt was, daarom noemen we alles zo graag natuurlijk en puur natuur – maar nu blijkt dat juist de oernatuur, onze steun en toeverlaat, zelf een verzinsel is!

Maar die kritiek snijdt alleen hout zolang je nog tot de mensen behoort die het onderscheid maken tussen dier en mens, tussen natuur en cultuur. Als je nog een aap bent die in hokjes denkt. Maar laat dat kunstmatige verschil eens los. En ga dan nog eens terug naar de Oostvaardersplassen. Dan zie je geen verschil meer tussen een pretpark en de Serengeti. Of tussen protocollen en oernatuur. Dan zie je in dat juist dit rare, romantische onderscheid tussen de mens en de rest, zélf nep is. Dat inzicht is keurig conform Darwin.

Als je eenmaal zo kijkt, gaat er een wereld voor je open. Dan worden die paar vierkante kilometer de spannendste dierentuin op aarde. Een hybride van savanne en stad, waar je het natuurlijke gedrag der mensen kunt observeren: mannetjes die commissies instellen, stelletjes op bruidsreportage, dommelende forensen in treinen, terwijl er tegelijkertijd ruigpootbuizerds rondcirkelen en vossen aan het paren zijn.

Oernatuur. Echt. Een prima replica van de Hof van Eden: mens en medebeest samen in een tuin.

Compromisparadijs

'MIDDELLANDSE ZEE KLEURT WÉL ORANJE,' schrijft *Privé*. Het blad brengt een flink dossier over de vakanties van de Oranjespelers, na het Europees Kampioenschap voetbal. We zien Wesley, Rafael en Nigel aan het strand. De bladspiegel is azuurblauw. Het artikel en de foto's vertellen een verhaal over hardwerkende papa's die al pootjebadend eindelijk rust vinden bij hun kinderen en hun voetbalvrouwen. Een vertederende reportage.

Nigel de Jong speelt samen met zijn dochtertje met een groen emmertje. Bijna een scène uit *The Blue Lagoon*. Nigel haalt de schade in, want 'gedurende het voetbalseizoen ziet hij zijn kroost veel minder dan hij zou wensen'. Dan zien we Wesley en Yolanthe, vier foto's. Ze lopen hand in hand over de boulevard, onafscheidelijk. Ze 'genieten van elkaar', al zonnend en kuierend, staat er, 'en vooral pratend'.

En hé, zien we daar in Saint-Tropez niet Rafael en Sylvie? Gingen er geen geruchten over een huwelijkscrisis? Ja, maar hier zijn het jeugdige tortelduifjes. Ze staan samen ver in zee, Rafael tilt Sylvie op, Sylvie slaat haar armen om zijn nek. Topkoppel.

We zien ze slenteren vol geluk. We herkennen de kommerloze lethargie; de voldaan gloeiende opperhuid; de ijsjes, de briesjes, de gilletjes van gelukkige kinderen. We zien onze eigen strandherinneringen. Onze sterren laten zichzelf zien aan het strand, als gewone mensen, in dezelfde zee, onder dezelfde zon, met dezelfde emmertjes en dezelfde besognes als wij. Hoogstens is hun zand iets fijner, hun zee iets blauwer.

Eeuwenlang was de kustlijn een bar niemandsland, het terrein van vissers en glibberige zeebeesten, een desolate, natte zandwoestijn. De eerste badplaatsen kwamen pas in de achttiende eeuw. Die waren niet bedoeld voor strandplezier, maar om te genezen van nare ziekten. Het Kurhaus was een kuurhuis: een ziekenboeg. Pas later veranderde de kleur van de zee van bruingroen naar blauw.

Het strand zoals dat nu is, hebben we eerst moeten uitvinden, beschrijven Lena Lencek en Gideon Bosker in *The Beach: The History of Paradise on Earth*. Pas in de jaren dertig van de vorige eeuw, bijvoorbeeld, begonnen we er aarzelend onze kleren uit te trekken.

Dat is een schokkend gegeven: millennialang lagen de stranden er ongerept bij, maar niemand gebruikte ze, omdat de mens simpelweg niet op het idee kwam dat je daar kon zonnen, dat je zandkastelen kon bouwen, of kon pootjebaden. En toen we dat eenmaal bedacht hadden, was het hek van de dam en raakten alle stranden tot vervelens toe volgepakt, alsof we wilden inhalen wat we al die millennia gemist hadden.

Inmiddels beheerst het strand een groot deel van onze dromen: tussen de woeste zee en het netjes aangeharkte land hebben we een speelveldje geschapen waar het leven is versimpeld tot zon, zee, zand. We hebben oernatuur omgevormd tot cultuur. Maar ook andersom: we gaan hier juist terug naar de natuur. We hebben een zone gecreëerd waar de mens zo zot mag zijn als een wild dier.

Onze beste poging tot terugkeer naar het paradijs tot nu toe. Daarom wekt een plaatje van een strand altijd een tweetrapsmelancholie op: melancholie vanwege jeugdherinneringen aan strandvakanties, die zelf op hun beurt herinnerden aan het verloren paradijs.

Strand is ons compromisparadijs. We mogen er slechts een paar weken per jaar heen. Het is altijd maar voor even. We mogen er al bijna zo naakt zijn als Adam en Eva – maar niet helemaal. De zon maakt dom – heerlijk dom, een pauze in ons denken. We doen er dierlijk, maar helemaal regelloos is het toch niet. Een tussenvorm dus.

We kleden ons uit tot op onze zwemkleding, die lijkt op ondergoed, maar met andere kleuren en stoffen. Vervolgens smeren we elkaar in als hulpvaardige bavianen. In de zomer draait het strand om de huid – ons grootste orgaan. De huid moet bruin worden, dat vinden we mooi (sinds ongeveer 1930), maar de huid moet niet té bruin worden, dat is gevaarlijk.

In de winter, daarentegen, is het strand bedoeld voor de hersens, om het hoofd leeg te maken. Om uit te waaien. Dan gaan de mensen naar zee om te peinzen en te praten. Daarom zie je op televisie intieme interviews aan zee. Aan zee zijn mensen oprechter, kennelijk.

De zee is vergevingsgezind. Een kuuroord, nog altijd, in elk seizoen – al zijn de kwalen nu anders.

Iedereen is hier gelijk, nergens zit je zo tussen verschillend volk. Ja, in metro's en treinen, misschien, maar dan ben je niet bijna bloot. Hier, in de rij bij de strandtent bijvoorbeeld, sta je tussen blote lijven. Je mag er naar kijken – dat kan niet anders – maar ook weer niet staren. Daarom bedekken we onze ogen met zonnebrillen.

Modder vinden we doorgaans vies, maar een plakkerige mix van zandkorrels en zweet op de huid geldt hier al snel als sexy. We rollen door het zand als varkentjes. Tegelijk kunnen we het niet laten architect te zijn. Het strand kent daarvoor speciale strandattributen. Zoals een metselaar weet om te gaan met schietlood en klauwhamer, zo weet de badgast feilloos wat te doen met schep en emmer. Volwassen mensen mogen hier rennen en springen. Dat gaat vanzelf zodra ze zand voelen: het strand is een soort trampoline die vreugdesprongen teweegbrengt. Het strand is onze afspraak dat we raar mogen doen zonder dat we raar overkomen – juist als we er niet raar doen, zijn we hier gek.

De voetballers in *Privé* kenden deze geschiedenis van het strand. Ze waren half mens, half dier. Ze deden er raar, precies zoals het hoort.

Nigel, de miljonair, met zijn emmertje. Wes en Yo halfnaakt kuierend. Rafael die Sylvie optilt – precies de juiste choreografie. In één week proberen ze in te halen wat ze een jaar lieten verslonzen – net als wij. Zo toonden ze dat ze geen godenzonen waren, maar ook gewoon mensen. En de zee, de zee was vergevingsgezind, spoelde zonde weg, *as always*, en de zon, de zon stemde mild.

'Het was geen gespeeld geluk,' schrijft *Privé* over Rafael en Sylvie. 'Aan de Franse kust toverden een stralende zon, een duik in zee en zijn Sylvie in bikini al snel weer een lach op het gezicht van Rafael.'

Witte muren en dingen die je niet snapt

Stel je een man voor in een zwembroek op het strand. De man begint te lopen. Eerst over het strand. Vervolgens steekt hij de boulevard over en loopt de stad in. Daar gaat hij een metrostation binnen. Hij loopt nog altijd in zijn zwembroek.

De man is niet veranderd – en toch ook wel. Want ergens tussen het strand en het metrostation is de man raar geworden. Nergens stond een bordje 'vanaf hier geen zwembroeken meer'. Toch is hij een grens overgestoken, een culturele afspraak, als onzichtbaar laserlicht.

De man stapt de metro in, gaat de metro weer uit, loopt een supermarkt binnen en koopt een pak wc-papier. Met het pak onder zijn arm stapt hij een museum binnen. In de zaal met moderne kunst haalt hij de wc-rollen uit de verpakking en stapelt hij ze op tot een kleine piramide. Dan gaat hij naast de piramide op de grond liggen, met zijn handen achter het hoofd gevouwen.

De man is nog steeds hetzelfde. De wc-rollen zijn nog steeds wc-papier. Maar ergens tussen de metro en de museumzaal is er, wederom, iets raars geschied. Bezoekers lopen voorzichtig om de man en om de wc-rollenpiramide heen. Sommigen blijven staan en knikken instemmend. Anderen fluisteren. Weer anderen doen nu eens een stapje achteruit, dan weer een stapje vooruit – alsof ze de juiste afstand zoeken waarop hun ogen kunnen scherp stellen. Een kind giechelt. Iemand sist 'sssst'.

Dit is de essentie van een museum: het is een witte doos die mensen en dingen kan omtoveren. Het 'museumeffect', noemde kunsthistoricus en romancier André Malraux dat. Het blote feit dat een wc-rol binnen de muren van een museum is – niet op de toiletten, maar in de zaal – maakt de rol bijzonder.

Thuis kun je dat effect een beetje nabootsen, bijvoorbeeld als je foto's van bepaalde mensen en momenten inlijst of in vitrinekastjes zet. Maar de kracht van die witte museumdoos is zo enorm sterk dat hij zelfs dode vliegen, wc-potten of olifantenuitwerpselen kan transformeren tot pronkstukken.

Nog moeilijker dan het stelen van een kunstwerk, is het om een kunstwerk een museum in te krijgen. Bij de ingang staan beveiligingsmedewerkers: de mensen die het weten. Al weten ook zij niet alles. Bekend is de stunt van de straatkunstenaar Banksy: hij hing zijn eigen schilderijtje op in het British Museum in Londen. Het museum ontdekte de omgekeerde diefstal en voegde het werk vervolgens maar toe aan de eigen collectie.

Ook Bic-pennen kunnen op een voetstuk komen, als ze maar over die magische, onzichtbare drempel komen. In Berlijn heb je zelfs een Museum der Dinge: een museum met dingen uit het dagelijks leven, zoals sleutellabeltjes.

Wij, bezoekers, gaan mee in dat tovereffect. Wij stellen geen vragen. Zoals we een man in een zwembroek raar vinden in de metro, vinden we een wc-rol in een museumzaal gepast. Dat is de culturele afspraak. Hoe absurd het ook wordt.

In het Rotterdamse museum Boijmans Van Beuningen is de Pindakaasvloer te zien van Wim T. Schippers. De Pindakaasvloer is een vloer besmeerd met pindakaas. Er staat geen hek omheen, zodat bezoekers al een paar keer per ongeluk op de sculptuur zijn gestapt. De reparatiekosten worden verhaald op de daders (dat is meer dan de prijs van een pot pindakaas).

Die bezoekers protesteren niet, integendeel, maar schamen zich juist, alsof ze op visite bij de koningin per ongeluk een eeuwenoude vaas – een erfstuk – hebben omgestoten.

Zo hoort dat ook. Een museum moet niet te vriendelijk zijn. Want dan verliest het zijn glans en zijn autoriteit. Dan geloven wij niet meer in de transformatie van de wc-rol of de pindakaas. Dan gaan we wel naar de supermarkt.

Musea moeten je nietig doen voelen. Idealiter hebben ze indrukwekkende façades of zuilengalerijen. Idealiter moet je bij de ingang alles inleveren: je tas, je jas, soms zelfs je fototoestel.

De witte muren en de leegte van de zalen werken net zo op je geest als witregels in de poëzie. De lege bladspiegel geeft extra lading aan die paar woorden die er wel staan. Je gaat er langzamer van lopen. Je hoort hier peinzend stil te staan, met je hand onder je kin. Je kijkt maar voelt je tegelijk ook bekeken.

Je snapt de werken niet en kunt ze ook niet snappen. Daar hangen ze, daar staan ze, ontworteld, ontvoerd en opgehangen zonder context, vastgebonden als gevaarlijke gekken. Soms buig je naar voren om het minuscule bordje te lezen, eng dicht bij het kunstwerk, en je leest *Zonder Titel* – waar je niet wijzer van wordt, maar dat je toch even een houding geeft.

Ook in supermarkten kijken mensen soms seconden lang peinzend naar een object of buigen ze naar voren, maar daar ervaar je zelden die existentiële duizeligheid van de museumzaal. Een museumzaal is als een vrijwel lege, witgeschilderde supermarkt waar alleen nog vier wc-rollen staan, die je niet mag aanraken, die je nooit zult kunnen betalen, waar je minstens een kwartier naar moet staren, terwijl het buiten mooi weer is.

'Als een beschonkene tussen de tapkasten,' zo omschreef de Franse schrijver Paul Valéry zijn museumervaringen in het essay 'Le problème des Musées' (1923). Zijn probleem was dat er in een museum zoveel verschillende schilderijen tegelijk op hem afkwamen, dat hij duizelig werd, alsof tientallen orkesten tegelijk speelden.

Maar juist die dronkenschap, die paddotrip, is zo prettig.

Die duizeligheid is iets anders dan de experiences die sommige andere musea beloven. Zoals de Voetbal Experience, de Corpus Experience en de Heineken Experience. Zelfs het zoutmuseum te Delden, met onder andere een collectie van ongeveer 2000 zout- en peperstellen, belooft: 'ervaar de totale zout-experience in Delden'.

In die musea ontbreekt het tovereffect. Je mag er te veel dingen aanraken. De suppoosten zijn er niet streng. Er hangt geen gewijde stilte. Je wordt daar niet gefopt – juist daarom word je er gefopt, want het bier, de voetbalschoen, de zoutvaatjes, ze blijven wat ze zijn: bier, voetbalschoen, zoutvaatjes.

Een goed museum heeft witte muren en dingen die je niet snapt.

Dronken octopus

Misschien denk jij wel eens stiekem dat het leven nergens over gaat. Dan vertel ik je graag de truc van de dronken octopus.

Je gaat naar de Gamma. Je koopt er een kledinghaakje, zo een voor in de badkamer, met twee haakjes en met de schroefgaten schuin boven elkaar. Je schroeft het haakje aan je badkamerdeur. Je doet een stapje terug. Je kijkt. En dan gebeurt er iets raadselachtigs: de schroeven worden oogjes, lodderige oogjes. De twee haken, ze lijken wel gebalde vuisten. En opeens zie je het licht: dit is geen haakje, dit is een dronken octopus die met je wil vechten.

Gezien? Welkom en proficiat: nu ben je lid van de club van mensen die dingen zien die er niet zijn. Nu ben je een soort gelovige.

Ik weet niet wie de dronken octopus voor het eerst heeft waargenomen. De oudste verhalen die ik op internet kon vinden dateren van een jaar of tien geleden. Maar de octopus is vast ouder, hoogstwaarschijnlijk bijna even oud als de badkamerhaakjes zelf.

Een paar jaar geleden was de octopus even een internethitje. Foto's van het zeedier doken bij tientallen op. Er verschenen varianten en afsplitsingen, zoals de Chinese octopus (met als ogen geen kruiskoppen maar schroeven met één spleetje) en de octopus met de kwade dronk (met bozige schroeven). De octopus werd een meme, een besmettelijk concept. Er kwamen T-shirts, mokken, fans.

Wie in een haakje een dier ziet, doet iets typisch menselijks. Groot is ons vermogen om dingen te zien die er niet zijn. We zijn er speciaal goed in om in levenloze dingen menselijke gedaanten te zien. Soort herkent soort. Een stopcontact is al snel een lachebekje. In de maanschijf zien we een mannetje. Of denk aan koplampen: je kunt je geen auto voor de geest halen, zonder in de lampen automatisch ogen te zien. Elk merk heeft zijn eigen gemoedstoestand: olijk, triest of nijdig.

Dat talent om dingen te zien die er niet zijn – mooie spoken –, maakt het leven prachtiger. We schilderen zo een extra betekenislaagje over de werkelijkheid, die van zichzelf betekenisloos is, en lelijk soms, zo lelijk als een stopcontact. Het is de basis onder alle kunst, van grottekeningen tot de *Victory Boogie Woogie*.

Er was een schrijver, ik meen W.F. Hermans, die op een eenzame hotelkamer in Parijs eens een foto maakte van een schakelaartje waar je een bedrukt gezichtje in kon zien. 'Zwaarmoedige schakelaar', doopte hij het ding. Iets zien in het zielloze biedt troost en verstrooiing. Zonder ons vermogen om octopussen te zien in de badkamer, is het hele leven saai, kil en sinister.

Op dezelfde manier schiepen we ooit godsdiensten. Ook gelovigen projecteren een extra laagje over de werkelijkheid. Gelovigen zien dingen die er niet zijn en kennen immense betekenis toe aan levenloze voorwerpen. Twee stukken hout kruislings op elkaar – het zijn geen stukken hout, maar je weg naar de verlossing. Een zwarte steen van dertig centimeter doorsnee is niet een kei, maar een Heilige Steen (raak hem aan en alles komt goed).

Alle godsdiensten hebben hun dronken octopus. Het verschil met de internethit: het is geen grap meer. Het badkamerhaakje lijkt niet op een octopus, het ís een octopus. En dat heilige haakje moet je aanbidden. En er is een heilig boek over wat het badkamerhaakje van je vraagt. Dat je bijvoorbeeld geen ham mag eten van het haakje of dat het haakje niet van homo's houdt.

De octopus is totalitair geworden. De grap is verdwenen, de lol is eraf. Sterker, als je grappen maakt over het haakje, zijn mensen diep gekrenkt. Of als je zegt dat het haakje niet meer is dan alleen dat: een haakje.

Aan het begin van de eenentwintigste eeuw waren er in Amerika felle debatten over de vraag of er in de biologieles ook het Bijbelse scheppingsverhaal moest worden verteld. De Amerikaan Bobby Henderson bedacht toen de Kerk van het Vliegende Spaghettimonster. Hij eiste vervolgens dat er op school lessen zouden komen over zijn Spaghettimonster.

Dat gebeurde niet. Maar zijn monster kreeg wel volgelingen: mensen die meenden dat het net zo absurd is om spaghetti te aanbidden als een god. En dat je dan beter voor spaghetti kunt kiezen, want die verbiedt je tenminste niet om lief te hebben wie je wil, en die vertelt geen apekool over de evolutie; de spaghettigod is alleen maar grappig. De Kerk van de Goede Grap.

Tijdens het vorige wereldkampioenschap voetbal was er een dier dat de toekomst kon voorspellen: Paul de octopus, uit een aquarium in Duitsland. Deze Paul had acht keer op rij de uitslag van een wedstrijd goed voorspeld (een kans van 1 op 600). Hij werd gezien als een profeet. Er kwamen liederen over Paul, hij werd ereburger van een Spaans dorp. Er was zelfs een Rus die, zo blijkt uit de documentaire *The Life and Times of Paul the Psychic Octopus*, een miljoen euro bood voor het weekdier. Absurd!

Absurd, dat vond ook de Iraanse president Mahmoud Ahmadinejad. Hij noemde het geloof in Paul een 'symbool voor westerse decadentie'. Wie in zo'n beestje gelooft, is gek – daar had hij een punt. Maar de leider van een land waar homo's worden gedood omdat het lokale badkamerhaakje ze niet zo mag, vergat dat het geloof in Paul weliswaar gekte was, maar onschúldige gekte.

Af en toe hoor je ook in het Westen filosofen zeggen dat we terug moeten naar religie, dat rituelen zo belangrijk zijn, dat we houvast nodig hebben in deze lege tijden, enzovoorts. Steeds als ik zoiets hoor, schud ik verdrietig het hoofd.

Zelf groeide ik op in een gelovige omgeving. Ik maakte me ervan los, want ik wilde meer vrijheid, meer grapjes. Als ik zulke pleidooien hoor, voel ik me een dissident die over het IJzeren Gordijn vluchtte om vervolgens, eindelijk aangekomen in het vrije Westen, te horen hoe vrije denkers het communisme ophemelen.

Zeker, een mens heeft rituelen nodig: goed ontbijten, stipt om elf uur naar bed, op zaterdag een visje halen. En ja, soms lijkt het leven even helemaal nergens over te gaan. Maar dan ga ik naar de badkamer, naar de dronken octopus. Die snapt mij als geen ander. En dan praten we over hoe ontroerend absurd, hoe bizar betoverend het bestaan is, hoe vol mooie mythen. En als we dan zijn uitgepraat dan zegt hij, echt, ik zweer het je: 'potje vechten?'

Olijfboompjes

Er staan olijfboompjes om me heen, een stuk of acht, terwijl ik wacht op het perron van station Amsterdam Amstel. Ze staan gepoot in plantenbakken ter hoogte van de rookpalen, als kompanen voor de wachtende forens. Ze zijn zo'n twee meter hoog, met stammen als spillebeentjes, heel anders dan de woeste knokige olijfbomen op de schilderijen van Vincent van Gogh. In ons klimaat zijn het exoten, anomalieën, als goudvisjes die zijn uitgezet in een boerensloot.

Vlak na de eeuwwisseling kwamen ze opgerukt uit het zuiden. Er verschenen olijfjes op vensterbanken en in voortuintjes van eengezinswoningen. Er kwamen olijfjes op caféterrassen. Soms arriveerden ze zelfs als complete bossen. Zoals op het Mr. Visserplein in Amsterdam, waar de gemeente vijfentwintig Spaanse olijfbomen plantte. De oudste telden al 350 jaarringen. Elke winter, als het vriest, krijgen ze een 'boomjas' tegen de kou.

Wat kwamen ze hier doen? Is dit nu globalisering? Of is het een voorbode van een klimaatverandering? Staan er in Italië op de perrons soms ook Hollandse knotwilgjes op de perrons, voor de sier?

De olijfboom was ooit een heilige boom. Het was de eerste wilde boom die de mens wist te temmen, duizenden jaren geleden. De Griekse dichter Homerus bezong hem. De Bijbel en de Koran noemen hem een godsgeschenk. 'Symbool voor vrede, trouw en liefde' – die tekst komt dan weer van de webshop van Dille & Kamille, 'winkels met een ziel', waar je de boompjes ook kunt kopen.

Maar de olijfboompjes op het station vertellen een ander verhaal.

Een reiziger vertoeft gemiddeld zeven minuten op een station, blijkt uit wetenschappelijk onderzoek. Maar het interessante is: hij schat die wachttijd gemiddeld dubbel zo hoog in. Als een kwartiertje dus. Net als gevoelstemperatuur bestaat er ook gevoelstijd. In het jargon van de Spoorwegen heet dat: wachttijdbeleving. En die wachttijdbeleving kun je manipuleren.

In zijn onderzoek *Waiting experiences at train stations* (2011) beschrijft Mark van Hagen, senior projectleider strategisch onderzoek van de NS, hoe je de gevoelstijd kunt inkorten door de juiste maatregelen te treffen. Reizigers blijken bijvoorbeeld rustig te worden van een stationshal met overwegend koele kleuren, zoals blauw en groen. Ook 'belevingsmaatregelen' als muziek of videoschermen met entertainment zijn van invloed.

Aan het begin van dit millennium begonnen de treinstations in Nederland een voor een van karakter te veranderen. Dat waren de jaren van de Grote Verbouwing. De stations werden niet alleen uit noodzaak verbouwd, maar ook omdat treinstations 'belevenisplatforms' moesten worden. De gedachte was om de reiziger te verleiden langer op het station te vertoeven, terwijl hij die wachttijd toch als korter ervoer.

Treinstations begonnen op vliegvelden te lijken. Er kwamen beveiligingspoortjes. Er kwamen steeds meer winkels. 'De winkels geven het station een gevoel van veiligheid en comfort, gemak en zekerheid in een hectische omgeving, maar brengen ook sfeer en vermaak,' schreef de NS.

Het was in diezelfde tijd dat treinconducteurs op omroepcursus moesten, waar ze leerden om de reiziger 'persoonlijker' toe te spreken. 'Goedemiddag, welkom in de intercity naar Eindhoven', of 'wij gaan nog voor u stoppen in Venlo'. Let op dat 'voor u' – het stoppen van de trein, voorheen vanzelfsprekend, werd nu

gebracht als extra service, een gunst bijna. En omgekeerd leerden de conducteurs om vertragingen voortaan 'extra reistijd' te noemen, als een onverwachte bonus. In die tijd verschenen er op de stations slogans als 'Genieten', 'Prettig wachten', 'Verwen jezelf'.

Wachten werd genieten.
Genieten werd shoppen.
Het missen van je trein werd een belevenis.

Maar zomaar ergens zitten kon haast niet meer: bijna elk stoeltje of bankje in de hal hoorde nu bij een keten. Consumptie verplicht. De wachtende mens werd gekalmeerd met goede catering. Zijn wachttijd moest geen sleur zijn, maar een vakantie, een minibreak. Alsof je hier niet wachtte op de boemel, maar in de rij stond voor de achtbaan.

Het station zelf veranderde van vertrekpunt in een eindbestemming. Als je goed nadacht, hoefde je helemaal niet meer op reis, want hier was alles wat je hartje begeerde: eten, drinken, toiletten, boeken, kleding, soms zelfs festivals.

Hoogstens voelde de reiziger zich hier soms wat ontheemd – het gevoel dat komt van het moeten leven in andermans gedachten, in concepten: concepten zijn korsetten.

Maar ook daar was aan gedacht. Er kwam 'groen'. Groen geeft de mens een stukje natuur terug in een steriele omgeving.

'Het zien van beplanting op het perron blijkt een positief effect te hebben,' schrijft Martin Springer in zijn masterscriptie *De invloed van groen op de beleving van de stationsomgeving* (2006). 'Boompjes met een volle kroon zorgen voor een positievere beleving van aantrekkelijkheid en sfeer'. Daarom zetten we in de kille winter kerstbomen in de kamer. Daarom staan er kamerplanten in suffe kantoren.

En zo kwam het dat er, in de periode dat de stations vliegvelden werden, op de perrons boompjes verschenen: compensatiegroen voor een positievere beleving van het shopconcept. Geen Chinese dadels, of lampenpoetserplanten, maar olijfboompjes: mediterrane troostboompjes.

Zelfs een verpieterde variant in een bloempot zegt tegen ons: Italië! Middellandse Zee! Vakantie! Het is een camouflageboom, die verhult dat je op een perron staat, dat je op weg bent naar *another day in the coalmine*. 'Droom maar weg,' zeggen ze, 'je staat niet te wachten op de boemel naar je computerscherm. Nee, je bent nu op vakantie, in Toscane, en vanavond zal mama Miracoli handgemaakte pasta voor je koken.'

Werkt het? Op Amsterdam Amstel, aan de voet van de boompjes, onder het zilvergroene lover, liggen de peukjes van de zombies van de ochtendtrein die stompzinnig stilstaan naast het gapende ravijn van het spoor. Heilig boompje werd asbak van de wachtende mens.

De Bijbel vertelt dat Noach na de zondvloed als een van de eerste tekenen van leven een duif zag met in zijn snavel een olijftakje. Zo werd de olijf het symbool voor een herwonnen paradijs. Het water was nog niet weg, maar in die troosteloze tijden was het olijftakje een teken van leven, van hoop: nog even wachten, dan komt alles goed.

Daar denk ik vaak aan, zeker op regenachtige dagen, als ik wacht op het perron van Amsterdam Amstel. Soms voel ik me verloren in formules. Dan zijn de boompjes mijn kompanen, met wie ik alles bespreek. Tekens van leven zijn het – aanknopingspunten voor mythen. Dan droom ik over een dag dat die boompjes de macht zullen grijpen, hoe ze in een nacht alles zullen overwoekeren, tot het perron één olijfbomenjungle is geworden. En dan geef ik ze in gedachten water en Pokon om de ommekeer te bespoedigen. En dan fluister ik snode plannen naar hun takken, verhalen van verzet en revolutie, tunnels die we samen zouden kunnen graven, weg uit Alcatraz.

Zo zweren we samen, maar ze reageren nauwelijks, ze ritselen slechts wat met hun takken, schouderophalend.

Maar dat begrijp ik best. Bomen zijn niet opruiend van aard, maar vreedzaam. Logisch: ze hebben de tijd. Duizenden jaren oud kunnen ze worden, als het moet. Hun wachttijdbeleving is heel anders dan de mijne.

Maar ik omarm ze, en streel soms hun bast. Want we delen hetzelfde lot: wij horen hier niet.

Koepeltent

In Oost-Groningen, tussen Lauderzwarteveen, Jipsingboertange en Plaggenborg, ligt het lommerrijke en dromerige Sellinge. Westerse pensionado's zoeken hier rust in oude boerderijen. Je hoort er geen gedruis, hooguit soms een brommer of combine. Er is een hotel-restaurant, een vroeggotisch kerkje, een gemeentehuisje. En sinds kort is er een camping.

Die camping ligt achter het gemeentehuis, op het 'evenemententerrein'. Eigenlijk is het gewoon een weilandje met een waterkraan en wat chemische toiletten. Het zou een natuurkampeerterrein kunnen zijn, maar er wonen hier vluchtelingen: het is een protestcamping, bestaande uit ongeveer vijftien koepeltentjes. Op een van de tentjes is met stift 'Iraq' geschreven. Op een ander staat 'Somalia'. Op weer een ander 'Informatie'. En er hangt een spandoek met de tekst: 'Wij blijven hier'.

Zulke tijdelijke vluchtelingenkampen verschenen er de laatste jaren met enige regelmaat in ons land. Zoals de camping aan de Koekamp in Den Haag. Of de camping aan de Notweg, in Amsterdam. Het concept was steeds hetzelfde: koepeltentjes met vluchtelingen; buurtbewoners en activisten die helpen met voedsel, kleren, warmtebronnen; en een burgemeester die moet beslissen of de camping wordt ontruimd. De illegalen kampeerden niet zozeer noodgedwongen: ze hadden elders onderdak, verspreid over de stad. Maar dat onderdak hadden ze tijdelijk verlaten, om op een centralere, zichtbare plek tentjes op te slaan.

Koepeltentjes maken problemen zichtbaar. Net zoals er jaren geleden in Parijs overal in het centrum opeens vrolijke koepeltjes verschenen. De organisatie Médecins du Monde had honderden tentjes uitgedeeld aan daklozen: die kregen zo onderdak, maar waar het vooral om ging, was om hun bestaan zichtbaar te maken.

Er bestaat een traditie van campingactivisme. Die begon ergens in de jaren zestig, met campings van feministen en linkse activisten, en liep via de hackerscampings en de campings van antiglobalisten in de jaren negentig door tot de tentensteden op het Tahrirplein in Egypte, en culmineerde in de wereldwijde tentenzeeën van de Occupy-beweging. Het protestkamperen werd mainstream.

Het koepeltentje als activistisch instrument kent allerlei voordelen. Allereerst is het goedkoop: je hebt ze al voor een paar tientjes. Daarbij zijn ze praktisch: de tentjes bieden beschutting; je kunt er leuzen op schrijven. De bolletjes zijn fotogeniek: ze zijn vrolijk van kleur. Hun koepelgewelven doen ook een beetje denken aan beroemde architectuur (van het Pantheon, via het Capitool tot aan de Taj Mahal).

En dan is er de symboliek van de tent als tijdelijk vakantiehuisje. Die maakt dat de koepeltentjes niet grimmig ogen, maar eerder sympathie opwekken. Bovendien geef je met een tent aan dat je niet diezelfde avond nog vertrekt. Een tent heeft een zekere standvastigheid. Daar komt bij dat de moderne tentjes soms al in een paar seconden zijn opgezet. En als ze eenmaal staan, is het voor de staat geen sinecure om ze te ontruimen, omdat het ontruimen van tentenkampen een lelijk gezicht geeft.

De koepeltent is kortom een spandoek om in te wonen.

De activist werd een kampeerder. Maar in feite is elke kampeerder een activist. Er bestaat een nauw verband tussen Occupy en popfestivals, tussen Tahrir en de tentenwinkel. Dat is de wet van de koepeltent: zodra je een koepeltent ziet, is idealisme nooit ver weg.

In de Bijbel komen allerlei tenten langs. Maar dat was geen kamperen. Kamperen is: je verruilt vrijwillig je vaste, comfortabele onderdak voor een tijdelijk, primitiever huisje. Dat is typisch iets van de moderne tijd, typisch iets wat rijke mensen doen. Pas in 1924 kreeg ons land een eerste echte camping. Die was nog voor een select gezelschap. Het gewone volk had nog niet genoeg vrije tijd en geld.

Kamperen is afzien van comfort en faciliteiten, en dus een vorm van vrijwillig lijden. Dat maakt het een verre verwant van bijvoorbeeld het hongerstaken. En net als met hongerstaken, doe je dat niet zonder een reden. Je wil iets bereiken. Wat precies, verschilt per tijd.

Bij de padvinderij werd kamperen bijvoorbeeld gezien als een vorm van opvoeden tot goed burgerschap. Het bivak was een soort utopie, een microsamenleving. Ik las daar over in *Je eigen kamp*, een kampeerhandleiding voor 'jongens en meisjes van 14-64 jaar', geschreven door Titus Leeser, oud-assistent-kampleider van de padvinders. (Er staat geen publicatiejaar in, maar het exemplaar dat ik tweedehands kocht is op 7 augustus 1937 cadeau gedaan 'aan mijn lieven Erik, van vader'.) Het boek roemt de 'frissche jongens-en-meisjes-geest' van de kampeerder. En onderstreept de noodzaak van het kamperen, juist in deze tijd: 'Dat in deze wereld van roltrappen en automatische verkeersregeling, van electrische kookfornuizen en steeds groeiende steden, het vrije, gezonde leven in de natuur, waar je van eigen vaardigheid en zelf-doen afhankelijk bent, van onschatbare waarde is, zal iedereen beseffen.'

Het moderne kamperen is nog steeds idealistisch – en eigenlijk nog steeds een vorm van ontsnapping aan de wereld van roltrappen en verkeerslichten. Kampeerders hoeven niet zo nodig naar vijfsterrenhotels, maar ze kunnen lyrisch worden van het dauwnatte gras onder hun blote voeten. En de camping is hun microsamenleving waar iedereen elkaar nog groet en de mensen elkaar nog helpen. Thuis ken je je buren niet, maar op de camping vraag je ze om een wc-rol. Dat maakt elke camping, zelfs de stadscamping, in wezen een vlucht uit het stadsleven, en dus een stil protest tegen die stad. Zij het een tijdelijk verzet: na drie weken verlangt de activist weer naar comfort en geeft het zaakje op.

Voor de 'frissche jongens en meisjes' van nu lijkt het tentenkamp geen opvoedende en burgerlijke betekenis meer te hebben, zoals bij de padvinderij. De koepeltent is eerder een symbool van vrijheid en ontsnapping aan het burgerlijke. Je eerste vakantie zonder je ouders met je eigen koepeltentje, dat is een vorm van op kamers gaan, van emancipatie – je eerste 'room of one's own'.

Eén keer heb ik drie nachten op de camping van popfestival Lowlands gelogeerd. Ik heb er geslapen als een roosje; de toiletten waren schoon; het water was drinkbaar. Op welke andere camping kun je 's ochtends versgezette Douwe Egberts-koffie afhalen in emaillen kannen? Of vers fruit en een omelet kopen als ontbijt? En daarna door naar een tai-chisessie? Het leek haast wel een vorm van 'glamping' – glamour camping.

Lowlands is niet bepaald een undergroundfestival. Het lijkt een soort stad op zich, met een supermarkt, een kapper, een dagblad, een rioleringssysteem, een tatoeageshop. Maar het is wel een heel rare stad qua demografie. Nergens lijken de mensen zo op elkaar als daar. De bevolking is samengesteld uit voornamelijk jonge, blanke, hoogopgeleide Nederlanders. Nauwelijks tokkies, nauwelijks bejaarden of kinderen. De meeste mensen stemmen er waarschijnlijk GroenLinks of D66. Tegelijkertijd zou Geert Wilders watertanden van het feit dat er nauwelijks Marokkanen komen.

'Wees lief voor elkaar' stond er in het programmaboekje. En daar hield iedereen zich aan. Het is alsof je met tienduizenden vrienden per ongeluk hetzelfde all-inclusiveresort hebt geboekt. In die drie dagen in de mensenmassa heb ik geen enkele elleboog gehad, iedereen was even welgemanierd als vierdaagsewandelaars.

Dit is een stad van mensen die allemaal op elkaar lijken. Drie dagen lang onderwerpen ze zich aan een vrijwillige vorm van segregatie, op een camping met alleen maar nette mensen, een tijdelijke vrijstaat, een festivalwei waar niemand werkt, waar je zoveel mag drinken als je wilt, waar alleen maar goede muziek is – maar die muziek is eigenlijk bijzaak, vooral een middel om de juiste mensen aan te trekken. Het belangrijkste is de utopie: zoals deze drie dagen, zo zou de wereld altijd moeten zijn.

Dat utopische zit in elke camping. Daarom verlaat je campings vaak met een gevoel van weemoed: je moet weer terug naar de realiteit.

In het najaar van 2011 fietste ik regelmatig langs het Beursplein in Amsterdam, waar toen de Occupy-beweging was neergestreken. Het campinggevoel was naar het stadscentrum gebracht. Vaak stopte ik even, om een wandeling te maken over de camping. Soms luisterde ik naar de vergaderingen, die elke avond plaatsvonden. Ook deze camping was utopisch, maar niet op een nadrukkelijke manier. Er werd uiteraard over het systeem gediscussieerd. De vergaderingen gingen ook over praktische zaken – eigenlijk ging het daar vooral over: over dat de rommel moest worden opgeruimd, over wc-rolissues, over campingkwesties kortom. Dat kwam soms kolderiek over, maar het was precies het aantrekkelijke ervan.

Zoals Lowlands behalve om de muziek vooral om het samenzijn draait, zo draaide deze andere, spontane stadscamping niet alleen om het omverwerpen van de bestaande orde, maar om de concrete saamhorigheid van dat moment. Dit was een droomland van doe-het-zelvers die alles samen deden. Geld speelde er geen rol, men hielp elkaar – een omgekeerde versie van de stad. Occupy was geen schreeuw tegen de bankensector. Het was een roep om geborgenheid. Het was campingheimwee. De koepeltenten waren spandoeken met als slogan: geef ons een huis, maar geef ons vooral huiselijkheid. Kampeerders kunnen genieten van praktische zaken als lekkages, kromme haringen, afwassen zonder warm water. Op eenzelfde praktische manier waren de Occupy-bewoners niet voortdurend bezig utopia uit te denken, want ze waren samen tentzeil aan het repareren – dit wás hun utopia.

Zo leek het eventjes, althans. Een tent is altijd een tijdelijk thuis en het koepelgewelf vliesdun.

De protestcamping in het Groningse Sellinge bezocht ik maar kort. Ik kwam er als toerist, op bezoek bij echte vluchtelingen, mensen uit Irak en Somalië die hun huis en haard niet vrijwillig hadden verlaten. Zowel zij als ik waren naar iets op zoek, maar het contrast kon bijna niet groter zijn: waar zij verlangden naar de zekerheid van een verblijfspapiertje, verlangde ik naar een campinggevoel. Een luxekampeerder, ik. En ongetwijfeld romantiseer ik wat ik zag. Ongetwijfeld projecteer ik een vakantiegevoel op mensen die in feite op de vlucht waren.

Maar het werd avond op de camping, de zomerzon scheen nog even, en het gras geurde naar gras. Er arriveerden een paar jongeren van de kraakbeweging uit Emmen. Ze droegen een enorme, dampende pan rijst. Op campings smaakt elke maaltijd altijd twee keer zo lekker als thuis. Zo ook hier. Her en der zat men te eten tussen klaver, weegbree en wespen. Ieder kreeg wat, ieder deelde. En toen daalde de zon over Camping Utopia.

Wat goed is en wat slecht, is vaak lastig te zien. Maar een dampende maaltijd delen met hongerige kampeerders – zoiets staat buiten alle kijf.

Was dat de helderheid die ik hier zocht? Ik weet het nog niet zo goed, elk antwoord is tentatief, maar het heeft iets te maken, denk ik, met humaniteit, nabuurschap, de geur van tentdoek, gras, waxinelichtjes, een latent verlangen naar stroomstoringen, naar iets wat ons overkoepelt, naar tentdoek van marmer.

En hier een plaatje
van een kat

Ga je mee naar een Grieks restaurantje? Ik wil je een mythe vertellen, maar niet hier, in deze papieren werkelijkheid. We moeten naar buiten, naar de Olympus, waar de goden dineren. Iedereen is er: Aphrodite, de godin van de liefde; Dionysus, de god van de wijn; Helios, de god van de zon; Hestia, van de open haard; Hermes, van de forensen; Demeter, van de boeren; Apollo, de allroundgod, en uiteraard ook Zeus, van de bliksem.

Schuif aan en luister, ze vertellen elkaar net een oude mythe.

Lang, lang geleden kwam hier op de Olympus eens een sterveling dineren. Zijn naam was Tantalos, een puissant rijke Griekse vorst. Hij kwam hier vaker, want hij was de protegé van Zeus. De eerste keer dat hij aanschoof kon hij zijn geluk niet op: hier zat hij samen met de goden te smullen van nectar en ambrozijn, en af en toe kreeg hij een schouderklop van Zeus zelf. Thuis zou niemand hem geloven.

Tantalos maakte een fout, een menselijke fout: hij wilde zijn vrienden bewijzen hoe gelukkig hij was. Na afloop van een van die etentjes, smokkelde hij godenspijs mee naar huis, als bewijs van zijn privileges. Zijn vrienden waren onder de indruk. Tantalos intussen dacht dat de goden niets merkten. En toen werd hij overmoedig: hij dacht dat hij nog verder zou kunnen gaan met zijn misleiding.

Vanaf hier wordt het onsmakelijk, maar het is wel zoals het ging. Op een dag nodigde Tantalos de goden bij hem thuis voor een banket. En tijdens dat banket serveerde hij hun delen van zijn eigen zoon Pelops: om te testen of ze alwetend waren.

Natuurlijk waren ze dat. En ze straften Tantalos voor zijn bedrog: hij werd verbannen naar de onderwereld, waar hij voor eeuwig in een poel met bronwater moest staan, omringd door fruitbomen met de sappigste vruchten – maar dat water verdween zodra hij het wilde drinken, en die fruitbomen weken weg zodra hij ervan wilde plukken.

En zo staat hij daar tot op de huidige dag.

En zo komt het dat je hier het woord tantaluskwelling leest: de marteling dat je niet kunt aanraken wat vlak voor je ogen is.

Er was een man van in de veertig genaamd 'Bob'. Hij werkte als computerprogrammeur bij de firma Verizon. Hij haatte zijn werk, maar bedacht een list. Hij besteedde zijn werk uit aan Chinese freelancers. Die kregen maar een fractie van zijn eigen salaris. En het mooiste was: hij kon overdag op zijn werk de hele dag naar kattenfilmpjes kijken.

Zijn baas had eerst niets door. Sterker nog: Bob werd kwartaal na kwartaal de beste werknemer van zijn afdeling. Pas toen zijn fraude werd ontdekt, verloor hij zijn baan, aldus het nieuwsbericht op CNN ('U.S. programmer outsources own job to China, surfs cat videos'). Het verhaal verspreidde zich snel over de wereld. In de reacties klonk vooral bewondering voor Bob. Hij was een moderne held, een kantoorrebel die, weliswaar tijdelijk, het systeem had afgetroefd en zo de hele dag in het kattenplaatjesparadijs kon vertoeven.

Niemand leek zich af te vragen waarom een intelligente man van in de veertig, die zich ontworsteld heeft aan zijn werk, de herwonnen vrijheid gebruikt om kattenplaatjes te browsen.

Het internet begon als netwerk voor wetenschap. Het was eerst ook een anarchistische vrijplaats, een wilde Westen voor de tegencultuur. Even leek het gekaapt te worden door de porno ('the internet is for porn' werd de uitdrukking), maar er gebeurde iets anders: het werd, in de woorden van de Amerikaanse schrijver David Burge, een 'geraffineerd, wereldwijd kattenplaatjesdistributiesysteem'.

Amateurfilmpjes als 'Keyboard Cat' (kat speelt piano) en 'Grumpy Cat' (kat kijkt nors) werden internetklassiekers en kunnen nu qua clicks wedijveren met de clips van de beroemdste artiesten. De kat werd vermarkt – het technologieblad *Wired* sprak zelfs van een 'Cat-Industrial Complex'. Zoals de leeuw heerst over de savanne, zo is de kat koning van het web. Op een diepe gedachte volgt hier stilte, terwijl – ik spreek uit ervaring – een foto van je kat garant staat voor een waterval aan applaus:
'Cute!!!!!!!!!!'
'Owwwww, wat een liefje!'
'Weer zo'n foto waar je gelukkig van wordt. Zooooooo lieffffffff.'

Internet werd hetzelfde als televisie: een passief medium, waar waarheid en schoonheid het afleggen tegen slapstick en commercie. Een open podium voor effectbejag, waar denken en verwondering in slaap worden gesust met schattigheid. Wat een collectieve ideeënarmoe. En wat een domper: de grootste uitvinding van onze tijd gebruiken we voor stompzinnige filmpjes. En zo werd het wilde web tam.

Dat lijkt de realiteit – het is in elk geval een realiteit waar velen zich naar schikken. Kijk naar de kunstinstellingen. Ze verkopen paniekerig hun ziel, en liften mee op de kattencultus. Zo organiseerde het Walker Art Center in Minneapolis – een gerenommeerd museum voor moderne kunst – in 2012 een Cat Video Festival, waar filmpjes werden vertoond als de 'Keyboard Cat'. En de Photographer's Gallery in Londen kwam datzelfde jaar met de tentoonstelling *For the LOL of Cats: Felines, Photography and the Web*. Dit zijn maar twee voorbeelden uit vele. Het zal duidelijk zijn dat ook een essayist de druk voelt om toe te geven aan de tijdgeest.

Maar daar pieker ik niet over. Mijn koninkrijk voor een kat? Dank u de koekoek. Dan maar minder hits. Liever jaag ik eenzaam de waarheid na dan mij zomaar over te geven aan loos gemiauw.

Wat echter die waarheid betreft: als het klopt dat kattenplaatjes alles overwoekeren, is het van groot belang om dit verschijnsel uitvoerig te bestuderen. Terwijl je dit leest staren miljoenen ogen niet naar deze pagina, maar naar wat schattige pixels – en die mensen worden daardoor intens geraakt ('Zooooooo lieffffffff!'). Dan is de kat het ultieme symbool voor een tijdperk van procrastinatie – uitstelgedrag. Dat kan wijzen op een in zichzelf gekeerde mensheid, die unaniem is gestopt met denken, met scheppen. Dan lijden we aan een ziekte, een collectief coma, en is het alleen maar humaan om in te grijpen.

Daarom besloot ik het virus te onderzoeken, om, als dat nodig was, de mensheid op tijd van een vaccin te voorzien.

Zoiets begint altijd met literatuurstudie. Maar daar was ik snel klaar mee: naar dit fenomeen is nauwelijks fatsoenlijk onderzoek gedaan. Onze denkers hebben kennelijk gewichtiger dingen aan het hoofd. Ik vond weliswaar allerlei hypotheses, op sites als Mashable ('The Million Dollar Question: Why Does the Web Love Cats?') en Techhive ('Why Does The Internet Love Cats?'). Maar de vraagtekens verraden al dat het antwoord hier niet bij zat. Vaak betrof het bovendien tongue-in-cheek-stukjes zonder clou, alsof het spielerei is, alsof er niets op het spel staat – alsof dit niet miljoenen mensenlevens treft.

Voor wat het waard is geef ik hier een overzicht van de drie belangrijkste scholen:

Historisch-relativistische stroming
Stelling: ach, de populariteit van katten is van alle tijden.

Aanhangers komen met negentiende-eeuwse ansichtkaarten, of zelfs middeleeuwse afbeeldingen, waarop ook al grappige katten te zien zijn. En ze wijzen op de kat in de literaire traditie: er bestaan gedocumenteerde gevallen van uiterst rationele schrijvers die toch sentimenteel werden van katten. Kortom, niets nieuws hier, doorlopen.

De pragmatici
Stelling: veel katten + veel fototoestellen = heel veel kattenplaatjes.

Digitale fotografie maakt de verspreiding van foto's simpelweg makkelijker. En de kat is, net als een baby, een dankbaar foto-object. Andere dieren, zoals stokstaartjes, biggetjes en alpaca's, zijn ook schattig, maar lopen minder vaak in huiskamers rond.

De stupificatie-these
Stelling: de mensheid wordt stupide.

Aanhangers wijzen slechts op de miljoenen hits van websites als cat-bounce.com, waar de bezoeker met een muisklik katten kan laten stuiteren.

In al deze theorieën trof ik een puzzelstukje van de waarheid, maar al die stukjes bij elkaar vormden nog lang geen bevredigende verklaring voor de massale kattenverering. Er zat voor mij dus weinig anders op dan naar de primaire bronnen te gaan. Dagenlang speurde ik daarom op allerlei sites. Ik zag schattige kat na grappige kat na hilarische kat – maar antwoorden vond ik niet. Sterker: hoe langer ik keek, hoe groter het raadsel leek, alsof hier een samenzwering gaande was waar ik zorgvuldig buiten werd gehouden.

Mijn research stagneerde dus, tot ik in een pauze van mijn onderzoek even mijn Facebook checkte, waar ik door toeval stuitte op een vrij eenvoudig – zelfs knullig – kattenplaatje, met een bijschrift dat me uiteindelijk op het spoor zou zetten van een glimp van een antwoord:

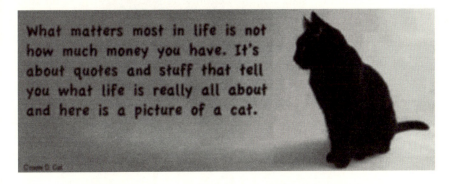

Ik kende deze tekst nog niet, maar ik nam de boodschap zeer persoonlijk. Mijn eerste, ruwe interpretatie was als volgt: 'Je kunt nu wel je hersens kwellen met diepe gedachten over schijn en wezen, maar al je speurwerk levert hooguit bijschriften op bij beelden die uitstekend voor zich spreken. Een kat zegt meer dan duizend woorden. Waarom het vanzelfsprekende uitleggen? Waarom het mysterie kapotmaken? Er is geen waarom. Wat we het allerliefste willen, en dat weet je zelf het beste, is dat je nu stopt met schrijven, en hier s.v.p. een plaatje van een kat.'

En daar zat natuurlijk op zich wel wat in. Dus ik schortte mijn onderzoek op en begon grappige kattenplaatjes voor jullie te selecteren:

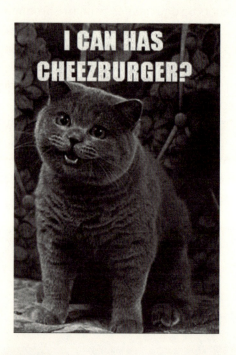

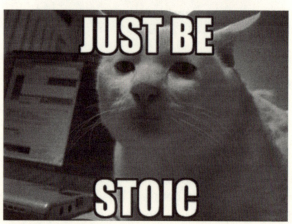

Zo werd ik kattenplaatjescurator. Gedurende enkele gelukzalige dagen leefde ik als Bob, de moderne held. Hij had zijn werk uitbesteed aan Chinezen, maar ik aan kattenplaatjes, wat nog slimmer was: mijn lezers blij, en ik kwartaal na kwartaal de beste van mijn afdeling. Het raadsel was dan wel niet opgehelderd, maar wat deed het ertoe: het was compleet verdwenen, want een mens kan niet tegelijk vertederd en filosofisch zijn.

Geluk is een flits en de tweede zak chips smaakt al minder. Toch was het niet de overdaad die schaadde. Wat het wel was had ik eerst niet door, hoewel het zich voor mijn neus bevond. Het begon als een gevoel van leegte. Mijn denken verliep slomer, stroperiger, zoals wanneer je op het strand in de zon ligt. Ik vreesde eerst dat het virus dat ik onderzocht mij sluipenderwijs had besmet. Tegelijk was er het knagende besef dat mijn werk aan betekenis begon in te boeten, want achter de laptop grappige kattenplaatjes zoeken, dat konden mijn lezers ook zelf; daar hadden ze mij niet voor nodig.

Zo verzon ik oorzaken bij mijn symptomen, maar wat ik niet zag was mijn kat, die terwijl ik kattenplaatjes klikte in al haar majestueuze fysiekheid achter mijn laptopscherm was gekropen, omdat het daar warm is, maar ook omdat ze graag daar wil zijn waar ik mijn ogen steeds op richt. Wat ik niet zag was:

De onaaibaarheidsfactor

Stelling: de tragiek van de moderne mens is dat hij juist het aaibare zoekt op de minst aaibare aller plekken.

De moderne mens is een schermmens: zowel voor zijn werk als zijn privéleven kan hij niet zonder schermen. Hij zit vastgeketend achter het platte licht. Hij moet wel. Hij leeft in een wereld waarin alles scherm is geworden.

Soms voelt deze schermmens scheuten van deprimerende werkelijkheidswee. Dan groeit zijn verlangen om iets aan te raken, om iets te aaien, om werkelijk contact te maken – en dan zoekt hij troost bij kattenplaatjes op supercutekitten.com, plaatjes die zo zacht en schattig lijken, pluche voor het netvlies.

Dat is logisch: de kat is het meest aaibare dier van allemaal. De essayist Rudy Kousbroek heeft het dierenrijk eens geclassificeerd op basis van de aaibaarheid der schepselen. De aaibaarheidsfactor, noemde hij dat. De vis gaf hij bijvoorbeeld een aaibaarheidsfactor van bijna nul, kwallen zelfs van onder nul, maar boven aan de schaal positioneerde hij de kat: het aaibaarste schepsel.

Katten zijn aaibaar, maar plaatjes van katten allerminst. Je kunt het scherm strelen, je kunt het desperaat swipen tot je een ons weegt, maar een kat blijft zelfs op het meest zijdeachtige touchscreen slechts een collectie kille pixels – het scherm voelt als een vis. Dat is de onaaibaarheidsfactor.

Kattenplaatjes kunnen het gemis dus niet wegnemen. Ze versterken het juist, omdat ze plaatje (dat is: plat) blijven. Met als gevolg dat de mens meer troost nodig heeft, die hij zoekt bij nog meer plaatjes, waardoor hij uiteindelijk in een eeuwige loop beland, al swipend over een scherm dat zwijgt, tastend naar het ontastbare, zo dichtbij en toch zo ver: de schermmens is de ultieme Tantalos.

Maar dat zag ik toen nog niet, want een mens ziet vaak niet wat zich recht voor zijn neus bevindt. De mens, gevangen in het eendimensionale, zijn hoofd in de schoot, zijn ziel onder de arm, hij gaat dolen, langs pleintjes, door nauwe, onbekende steegjes, via doodlopende metrolijnen, op zoek naar liefde en troost, naar medelijders, steeds verder doordringend in duistere buurten, alsmaar dieper, en dieper, tot hij uiteindelijk voor de deur staat van een smoezelig pandje met op de voorgevel de tekst: 'Indifferent Cats In Amateur Porn'.

Het bleek een blog vol filmpjes die voor een groot deel afkomstig waren van amateurpornokanalen als YouPorn. Met deze regel: in elk van die filmpjes was een onverschillige kat te zien. Zo was er een SM-filmpje met een vrouw die vastgebonden op de grond lag, een trillende vibrator tussen haar benen. En terwijl een man zijn stijve lul in haar mond steekt, rent er een witte raskat dwars door het tafereeltje heen.

Maar misschien moet je het gewoon zelf zien:

Eerst leken die katten me louter rechtvaardiging om porno te kijken, een curieuze fetisj. Maar het ging deze community niet om de seks. Dat maakte ik op uit de bijschriften, die steeds precies vermeldden wanneer de kat zijn onverschillige entree maakte, zodat je de rest van het filmpje gerust kon overslaan.

Bijvoorbeeld: 'Relaxed cat at 1:15 min, curious cat at 4:40 min.'

Of: 'Chillaxing in the background on the sofa at 7:50 min.'

Dit leek bewijs voor de stupificatie-these: we vinden de kat zelfs spannender dan seks. Maar de interesse van de bezoekers ging hier niet zozeer uit naar de kat op zich, als wel naar één specifieke eigenschap van katten: hun onverschilligheid. De filmpjes die het meeste applaus kregen, waren de filmpjes met de meest onverschillige katten. Dan stond er bijvoorbeeld:

'Very indifferent cat at 0:32 min!'

De juiste technische term is hier overigens: photobombing. Er is sprake van een fotobom (of videobom) als iemand in beeld komt die er niet hoort. Denk aan de dronken voetbalsupporter die gekke bekken trekt achter de rug van de sportverslaggever. Maar de kat is zich van geen camera bewust: een bom zonder effectbejag. Juist dat brengt het grootste effect teweeg. Nooit eerder zag ik de menselijke tragiek zo scherp afgetekend als in deze filmpjes, met enerzijds de wanhopige om cameraaandacht bedelende grimassen van de amateurporno-acteurs, die niet aan elkaar aandacht geven, maar aan het digitale oog, versus het stoïcijnse getippel van de kat, die de camera niet opmerkte, maar de strijd om aandacht alsnog met glans won.

Dit leek wel de kat als statement, als minachtend protest tegen alle menselijke uitsloverij: stoïcijns activisme.

Misschien ging dat laatste iets te snel, via porno naar de kat als protest. Om je ogen te laten wennen aan het licht, breng ik intussen een intermezzo over activisme. Wie wil, mag doorspoelen naar het stippellijntje hieronder.

INTERMEZZO

Als een distributienetwerk geschikt is voor het verspreiden van kattenplaatjes, is het ook een ideaal platform voor activisten. Deze theorie is geformuleerd door de Amerikaanse wetenschapper en internetactivist Ethan Zuckerman. Hij stelt dat bestaande kattenplaatjesnetwerken, zoals Facebook, ideaal zijn voor activisten om hun ideeën heimelijk te verspreiden. Een apart activistennetwerk zou immers nooit zo wijdvertakt en populair worden (er zijn nu eenmaal minder activisten dan kattenplaatjesliefhebbers) en bovendien zou zo'n netwerk meer in het oog lopen dan een gewoon kattenplaatjesforum. Daarbij komt dat het sluiten van een populair kattenplaatjesnetwerk tot volkswoede zou leiden.

Je kunt meer over deze theorie lezen op de site van ethanzuckerman.com, in het artikel 'The connection between cute cats and web censorship'. Maar waar het me nu om gaat: als activisten inderdaad gebruikmaken van dezelfde netwerken als kattenplaatjesliefhebbers, bijvoorbeeld om pamfletten te verspreiden, dan is het aannemelijk dat een activist soms een kattenplaatje onder ogen krijgt. Of er zelfs eentje publiceert; activisten zijn ook gewoon mensen.

En nog een stapje verder: als de rebel soms ook een kattenplaatjesliefhebber blijkt, is het niet gek als het voortdurend zien van kattenplaatjes zijn pamfletten beïnvloedt. En andersom: dat zijn activistische instelling van invloed zal zijn op de kattenplaatjes die hij plaatst. Kortom: dan is het logisch als de scheidslijn tussen pamflet en kattenplaatje een beetje verwatert.

....

Het is tijd om naar de echte bron te gaan: naar 4chan.org. Dat internetforum werd in 2003 opgericht door een jongen van vijftien. De vormgeving lijkt sindsdien nog onveranderd. Het is oerinternet. Als het internet een stad is, dan is dit een morsig kraakpand in een wijk waar je liever niet met kinderen komt. Het is een kraamkamer van tegencultuur: de Anonymous-beweging, bijvoorbeeld, werd hier groot. Je vindt er allerlei subsecties, zoals Pokémon, Wapens, Dieren & Natuur, Origami, Sexy Mooie Vrouwen, Knappe Mannen, Politiek Incorrect, enzovoorts.

Hier op 4Chan begon de wereldwijde traditie van de zogeheten Lolcats: plaatjes van katten met een grappig bijschrift, vaak in hetzelfde lettertype ('LOL' staat voor 'laughing out loud'). In de bladzijden hiervoor heb ik je er een paar laten zien. Vanuit 4Chan verspreidden de Lolcats zich als een meme – een goedaardig virus – over het internet. Hier bevond zich *patient zero*.

Volgens de website Know Your Meme, een museum voor internetmemes, begon de geschiedenis van de Lolcats in 2005, met het zogeheten Caturday. Caturday was een traditie om elke zaterdag grappige kattenplaatjes te plaatsen. Die traditie was weer een protest tegen Furry Friday, de traditie om op vrijdag zogeheten Furry-porno (of op zijn Japans: hentai) te plaatsen: plaatjes van tekenfilmfiguurtjes die seks hebben met elkaar. Een van de bekendste en eerste Lolcats is een kat met de tekst 'I Can Has

Cheezburger', bewust verkeerd gespeld. Daar verschenen al snel allerlei variaties op. Zoals de Ceiling Cat: een kat die door een gat in het plafond bedenkelijk naar beneden kijkt, met als bijschrift: CEILING CAT WATCHES YOU MASTURBATE. Dat werd het stramien voor allerlei toespelingen, tot aan verwijzingen naar de politiek aan toe.

Die Lolcat-plaatjes, die dus begonnen waren als protest tegen porno, verspreidden zich over het hele web, tot je Facebookpagina en zelfs dit boek toe. Er groeide een cultus omheen, met een eigen mythologie. Op 4Chan ontstond een waar kattenpantheon dat kon wedijveren met de genealogieën van de Griekse goden. Elke kat kreeg er zijn plaats: Grumpy Cat, Keyboard Cat, Spaghetti Cat, Venus the Two Faced Cat, Basement Cat, enzovoorts. Er kwam zelfs een aparte kattentaal.

Aan de kattentaal zag je hoe serieus het spel was. Een kleine gemeenschap van anonieme internetters stelde woordenlijsten samen, schreef een grammatica, stelde spellingregels op. De belangrijkste regel is dat je foutief spelt, maar wel volgens de strenge regels van het foutief spellen. Je moet bijvoorbeeld delen van woorden vervangen door delen van woorden die hetzelfde klinken. Het woord 'feet' wordt dan 'feat', omdat het klinkt als 'meat'. En de 'eye'-klank wordt steevast gespeld als 'ai' (de begroeting 'hi' wordt dus 'hai'). En daar zijn dan weer uitzonderingen op, zoals in het echt.

Ook zijn er stopwoordjes die je kunt gebruiken als je wilt overkomen als *native speaker*. Bijvoorbeeld 'srsly' ('seriously'). Dat kun je na bijna elke zin gebruiken, srsly. Of 'kthxbai', dat is een afkorting van 'Okay, thank you, goodbye'. Dat gebruik je bijvoorbeeld in een chatconversatie, als je je uit de voeten wilt maken uit een discussie, als een bluffend *quod erat demonstrandum*.

Bijna de gehele Bijbel werd vertaald in het Lolcats. Genesis 1 klinkt dan zo: 'Oh hai. In teh beginnin Ceiling Cat maded teh skiez An da Urfs, but he did not eated dem'. Ook een deel van de Koran is inmiddels beschikbaar in het kats.

De Lolcats zelf werden ook een religie: een anarchistische parodie-religie, die geen ideologisch doel diende. Maar wel eentje met logische bewijzen voor het bestaan van bepaalde katten, zoals het 'Awgooment frum Happies'. En met bepaalde heilige voorwerpen, zoals, uiteraard, de 'cheezburger'. En met geloofsbelijdenissen: 'Wif beleefs in Ceiling Cat I can has a happie […] I do wants can has a happie so I beleefs in Ceiling Cat kthxbai.'

Boven aan het pantheon stond Ceiling Cat. Hij was per slot van rekening de kat die al het doen en laten van de mensheid van bovenaf aanschouwde. Hij was alwetend, en waar je ook was, hij kon je begluren. Als er geen gat in het plafond was, maakte hij er wel een. Hij was de god van het denken, van het beschouwen – de oppergod van de Olympus.

Maar op een kwade dag werd Ceiling Cat brutaal bedrogen, door een van zijn eigen volgelingen nog wel, een sterveling die het lef had zijn alwetendheid in twijfel te trekken. Dat gebeurde in 2010, jaren na zijn geboorte. Ene 'avapoet' plaatste toen een eenregelig berichtje op een forum van Reddit, in de sectie 'TIL' – wat staat voor 'Today I Learned'.

> 'TIL that Ceiling Cat is actually Wall Cat. [warning: cannot be unseen]'

Wie doorklikte, kreeg een plaatje te zien dat volgens avapoet bewees dat er gerommeld was met de foto: plafondkat was helemaal geen plafondkat, hij zat gewoon achter een zijwandje van gipsplaat, de foto was gefotoshopt en gekanteld:

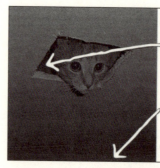

Plafondkat is een muurkat, was de aantijging. De kat zit niet boven ons, maar onder ons. Kijk maar naar de positie van de plint ('skirting board'). Als dit waar was, betekende het een perspectiefwisseling van copernicaanse proporties. Een wereldbeeld kantelde, een mythe werd ontmaskerd, een geloof viel in diggelen.

Het bericht ontlokte 297 reacties. Sommige stervelingen vielen direct van hun geloof af:

'Millions of textbooks will have to be rewritten! EVERYTHING WE KNOW IS WRONG!'

Anderen schreven bedremmeld: 'I haz a disappoint.'

Je had ook mensen die deden alsof ze niets zagen:

'Lalalalalalala I can't hear you.'

En dan had je de fundamentalisten, die nooit onder de indruk zijn van feiten:

'KILL THE UNBELIEVER!' of 'Fuck you, and fuck these lies.'

Maar een select groepje onafhankelijke denkers ging op nader onderzoek uit. Ze zochten de originele foto die was gebruikt voor Ceiling Cat. Ze wisselden informatie uit over de dikte van de gipsplaten voor plafonds in vergelijking tot die voor zijwandjes. Ze bestudeerden nauwkeurig de hoeken van de schaduwen.

Zij bleven denken.
Zij bleven kijken.
Zij bleven geloven.

De zoektocht van deze kritische kijkers, met namen als Giffylube, Scientologist of YourMom, was het meest indrukwekkend, het meest in de geest van Ceiling Cat zelf. De uitslag van hun onderzoek is irrelevant. Want juist door zijn bestaan in twijfel te durven trekken, wekten deze denkertjes Ceiling Cat tot leven. Aanschouw het mirakel: 1D werd 3D. Want zij brachten diepere lagen aan in een plaatje van een kat, gaven stomme pixels een bijschrift, een verhaal, een zelfgemaakte mythologie die ernstig was waar dat kon, maar komisch waar dat moest.

Het waren rationele romantici. De soulmates die ik zocht. Want het leven leek even onaaibaar – maar zij gaven het een vacht. Ze maakten fabels fabelachtig. Ze waren het weerwoord tegen werkelijkheidswee.

En terwijl ik daar zelf ernstig aan twijfelde, lieten deze denkertjes – deze Bobs, deze ontsnapte Tantalosjes – mij net op tijd inzien dat zelfs het bestuderen van een plaatje van een kat een troostrijke en louterende bezigheid is, die het alledaagse compleet kan laten kantelen, maar die ook houvast geeft.

En is het dan niet hartverwarmend dat er wereldwijd, terwijl je dit leest, miljoenen stervelingen precies dat aan het doen zijn: kattenplaatjes bekijken?

KTHXBAI.

Verantwoording

Dit boek is geboren in de krant. Het is gebaseerd op de serie 'Moderne mythen' die van februari 2012 tot en met september 2012 in wekelijkse afleveringen verscheen in *nrc.next* en die later ook deels in *NRC Handelsblad* is gepubliceerd. Deze serie was geïnspireerd op de bundel *Mythologies* (1957) van Roland Barthes: ik nam steeds 'mijn eigen actualiteit' als onderwerp en nieuwsaanleiding. Voor dit boek heb ik de serie grondig bewerkt. Niet alle afleveringen zijn opgenomen. Daarnaast zijn er enkele nog niet eerder verschenen stukken toegevoegd.

Ik ben de redactie van *nrc.next* en met name toenmalig hoofdredacteur Rob Wijnberg grote dank verschuldigd voor de gelegenheid een boek te mogen schetsen op krantenpapier.

De foto's maakte ik met de iPhone-app Shake It. De foto van Felix Baumgartner in 'De Energy Dictator' is afkomstig van Red Bull. De beelden bij 'En hier een plaatje van een kat' zijn afkomstig van de sites knowyourmeme.com, weknowmemes.com, reddit.com, indifferent-cats-in-amateur-porn.tumblr.com, roflcat.com, flickr.com, en jiujiubjj.com.

ARJEN VAN VEELEN – *OVER RUSTELOOSHEID*

Hoe blijf je onbekommerd als je alles uit je leven moet halen? In *Over rusteloosheid* onderzoekt Arjen van Veelen zijn eigen onrust en die van zijn generatiegenoten. Hij verhaalt over een onenightstand in Dubai, een inzinking op Kaap de Goede Hoop en een offer aan het orakel van Delphi. En hij maakt ons deelachtig van zijn avonturen op websites als Flickr, Couchsurfing.com en GeenStijl. Schijnbaar nonchalant rekruteert hij de auteurs uit de oudheid als lifecoaches voor de moderne mens. Homerus, Ovidius en Seneca blijken verrassend relevante antwoorden te hebben op de dilemma's van nu, op vragen als: hoe overleef je een langeafstandsrelatie? Hoeveel Facebookvrienden mag je hebben? Wanneer is een vakantie succesvol? Moet je je tanden laten witten? Wat gebeurt er met je inbox na je dood? Hoe vaak mag je jezelf googelen? Hoe kies je een tekst voor je tatoeage?

Over rusteloosheid is een montere gids voor een generatie zonder zitvlees.

'Van Veelen schrijft verfrissend onbevangen. [...] Combineert stilistische kwaliteit met de hoogste originaliteit.'
– Jury Jan Hanlo Essayprijs Klein 2009.

'Ik zou bij iedereen een exemplaar van *Over rusteloosheid* in de koffer willen proppen.'
– Christiaan Weijts in *De Groene Amsterdammer*.

ISBN 978 90 457 0146 2